미래를 바꾸는 천연염색

섬유패션산업의 미래를 보다

허북구 지음

중앙생활사

머리글

　환경오염으로 지구가 몸살을 앓고 자연재해도 늘어나고 있다. 환경오염은 인간 또는 생물의 건강·생존·활동에 장애를 주는 오염 현상이다. 오염 원인은 매연·분진·악취·소음·진동·오수·오물·폐기물·방사능물질 등 다양하다. 이 중 국제적으로 가장 먼저 이슈화되고 있는 것이 대기와 수질오염이다.
　이산화탄소 증가로 지구 온난화가 크게 문제됨에 따라 세계적으로 탄소중립을 위한 다양한 노력이 진행되고 있다. 패션산업에서도 탄소 저감을 위한 염색과 제품화 기술개발에 노력을 기울이며, 소비자들 또한 탄소발자국 저감 상품에 호응하고 있다.
　섬유패션산업은 수질오염의 주범이라는 인식이 강하다.

섬유패션산업은 물을 대량 소비할 뿐만 아니라 수질 오염에도 큰 영향을 미친다. 한 연구에 따르면 의류 염색·마무리 공정에서 발생하는 폐수는 세계 폐수의 약 20%를 차지한다고 한다.

섬유패션산업은 화학물질을 가장 많이 사용하는 산업이기도 하다. 합성염료(화학염료)에는 독성물질이 72가지 정도 포함되어 있는데 이 중 30가지는 제거하기 어렵다. 물과 함께 배출된 염료 가운데 약 40%는 수질과 환경을 심각하게 손상시킨다. 오염된 물은 다시 토지와 수질을 오염시켜 사람이 이용할 수 없을 정도가 되게 한다.

섬유패션산업에서 수질오염을 줄이려면 목화 재배단계에서 유기농 재배, 물 사용을 최소화한 염색, 마이크로플라스틱 배출 방지를 위한 폴리에스테르 재질 제품 사용 제한, 세탁 횟수 줄이기, 오염수와 폐수 처리 등 다양한 방법이 있다.

근본적으로는 합성염료를 비롯한 화학물질을 덜 사용하는 것이 수질오염을 예방하는 방법이다. 특히 합성염료는 수질 측면에서 제거하기 어려운 치명적인 독성물질을 많이 함유했다는 점에서 천연염료를 사용하는 것이 바람직하다.

천연염료를 이용한 천연염색은 합성염료에 비해 색의 재현성과 견뢰도가 낮고 염색 과정에서도 비용이 다소 많이 들지만 친환경적이고 색상이 자연스럽다는 장점이 있다. 또 독성 물질도 거의 배출되지 않고 수질 오염도가 매우 낮은 수준인데도 크게 활성화하지는 못하고 있다. 천연염색업계 종사자들은 천연염색의 장점을 마케팅에 제대로 살리지 못하는 경우가 많다. 그 이유는 무엇보다 천연염색의 본질적 특징, 동향, 문제점, 대안 등에 대한 정보가 부족하기 때문이다.

이러한 배경에서 필자는 2015년부터 섬유패션업계 종사자와 소비자가 천연염색을 제대로 알고 쉽게 접근하도록《패션저널》과《텍스타일 라이프》에 패션 칼럼을 써왔으며, 그중 일부를 가려 뽑아 책으로 엮었다.

천연염색에 관심이 있는 분이나 섬유패션업계 종사자 등 많은 사람에게 이 책이 도움이 되었으면 한다. 이 책이 탄생할 수 있도록 계기를 마련해준《패션저널》조영준 발행인, 독자와 만날 수 있도록 해준 중앙생활사 김용주 대표에게 감사드린다.

허북구

차례

머리글 …2

첫째 마당 천연염색의 종류와 천연염색이어야 하는 이유

1 천연염색, 각양각색의 이름으로 소비자 유혹 …13
2 천연염색, 전기차에 답이 있다 …17
3 천연염색, 가야 할 길 망설이면 기회 잃는다 …22
4 천연염색의 역습, 이제 다시 시작이다 …27
5 코로나19 시대, 빛나는 천연물질의 힘과 천연염색 …31

둘째 마당 윤리적 소비, 지속 가능한 천연염색

1 비건패션 확산이 천연염색업계에 보내는 신호 …37

2 에티컬패션과 패스트패션 그리고 천연염색 …42
3 천연염색은 정말 친환경적일까 …47
4 패션의 환경 책임, 천연염색으로 답한다 …52
5 세계 물의 날, 천연염색으로 응답하자 …56
6 푸드텍스타일의 성공이 천연염색업계에 주는 메시지 …60
7 에티컬패션에서 천연염색의 비중 …64
8 지속 가능한 패션과 천연염색의 관계 …69
9 환경을 지키는 천연염색, 소비자에게 달렸다 …74

셋째마당 천연염색 경쟁력의 시발점 천연염료

1 천연염색 각축시대, 천연염료 선점 시급하다 …81
2 천연염료 개발, 융합 연구에서 답을 찾자 …86
3 천연염색 비단 향운사의 비화 …90
4 감물염색 변화 촉매제로써 진흙염색의 가치 …94
5 인도네시아 천연염색 바틱에 적색이 없는 이유 …98
6 모베인의 비극, 떠오르는 미생물 염료와 천연염색 …103

넷째 마당 패션산업에서 복지까지 활용처 많은 천연염색

1. 섬유공예의 세계는 넓고 쓰일 곳은 많다 …111
2. 섬유패션 치유와 복지, 체계적 연구가 많아지길 바란다 …115
3. 어느 퇴역 군인과 천연염색 공방 …119
4. 카페, 레스토랑도 섬유패션 자원 …124
5. 잰걸음 시작한 반려동물 패션산업과 천연염색 …128
6. 섬유패션 축제 이벤트, 지역 재발견과 활용 아쉽다 …132
7. 섬유패션 자원 다각적으로 활용해야 …138
8. 운동화 끈과 천연염색 …141
9. 사찰염색의 스펙트럼과 천연염색의 확장성 …145

다섯째 마당 산업화와 세계화가 빠르게 진행되는 천연염색

1. 판이 커진 천연염색, 대책이 안 보인다 …151
2. 천연염색업체, 견뢰도 대응이 성패 가른다 …156
3. 유명 브랜드 천연염색 상품 출시에 대한 기대와 우려 …160
4. 천연염색 산업화, 대책이 필요하다 …163
5. 한국 천연염색, 세계를 지배하려면 리셋하라 …168

6 한국 천연염색, 국제적 이미지업이 필요하다 …173
7 한국 감물염색, 유네스코 인류무형문화유산 등재 추진하자 …178
8 천연염색, 중국·일본 대신 한국을 선택한 이유 …183
9 천연염색 산업화, 중국은 뛰는데 한국은 게걸음 …187

상품과 유통의 변화를 요구받는 천연염색

1 편집을 판매하는 시대, 천연염색도 편집해야 살아남는다 …193
2 천연염색 패션 상품, 도긴개긴으로는 답 없다 …197
3 천연염색, 공예 융합으로 경쟁력 높여야 할 때 …201
4 코로나19가 만들어낸 천연염색 키트 상품 …205
5 홀치기염색 패션 열풍과 천연염색 …209
6 천연염색 공방, 새로운 유통채널에 눈떠야 …213
7 천연염색 기성복 오더숍이 기대되는 시대 …217

소비자 접근성을 더 높여야 하는 천연염색

1 패션 트렌드와 천연염색의 적정 거리 …223

2 천연염색 이미지, 바꿔야 산다 ···228

3 천연염색, 서브컬처 활용해 외연 넓혀야 ···232

4 정통 한복과 캐주얼 한복 그리고 천연염색 ···236

5 천연염색업계, 기념일 이벤트 적극 활용해야 ···241

6 천연염색에서 발신력, 영향력, 실력의 관계 ···246

7 코로나19 시대, 천연염색 마스크 프로모션 도구로 활용해야 ···250

8 검색어로 보는 천연염색 트렌드 ···254

9 섬유패션 민간자격증, 전략적 활용 아쉽다 ···256

첫째 마당

천연염색의 종류와
천연염색이어야 하는 이유

1
천연염색, 각양각색의 이름으로 소비자 유혹

　천연염색의 명칭이 다양해졌다. 국내에서는 한동안 자연염색과 천연염색 명칭에 대한 이견이 있었으나 그것은 약과다. 현재 천연염색의 명칭은 천연염색 전문가조차 잘 알지 못할 정도로 각양각색이 되었다.

　세계 각지에서 천연염색 명칭으로 가장 많이 사용되는 것은 천연염색(또는 자연염색)으로 번역되는 Natural dye(Natural dyeing)이다. Natural dye가 일반적으로 사용되는 가운데 Plant dye, Natural Plant Dye도 폭넓게 사용되고 있다.

　식물염색으로 번역되는 Plant dye는 사용되는 염료 대분류에 따른 것으로 일본에서는 초목염(草木染), 중국과 타이완 등지에서는 식물염색(植物染色), 천연식물염색(天然植物染色)으로 불리기도 한다.

천연염색이라는 명칭을 활용하는 업체는 프리(FREE, 타이완)가 대표적이다. 천연염색과 식물염색을 함께 사용하는 주요 패션 브랜드에는 하라(HARA, 오스트레일리아), 햄프템플(The Hemp Temple, 미국), 크리마(Creema, 일본) 등이 있다.

식물염색이라는 명칭을 주로 내세우는 패션 브랜드에는 서스테인(Sustain, 미국), 가이아 컨셉션(Gaia Conceptions, 미국), 리브라(Liv:ra, 일본), 마이토(MAITO, 일본), 다누 오거닉(Danu Organic, 미국) 등이 있다. 이들 업체 중 일부는 천연염색과 식물염색을 구별해 사용하기도 하지만 때에 따라서는 천연식물염색이라는 명칭을 사용한다.

천연염색 제품에 대해 사람들이 먹은 채소나 과일을 이용해서 염색했다며 푸드컬러(Food color), 푸드텍스타일(Food Textile)이라는 용어를 사용하는 패션업체도 있다. 대표 업체는 매시 스타일랩(MASH Style Lab, 일본)의 스나이델(SNIDEL)이다.

이 브랜드에서는 식품 관련 기업에서 버려지는 채소 등의 재료에 포함된 염료를 추출해 염색한 'Food Textile'을 채용했다며 마케팅에 이용한다. 이밖에 스니커두(Snkrdoo, 일본), 파데로(Pao de lo, 일본)에서도 Food Textile이라는 용어를 사용한다. FREE(타이완)와 일본의 몇몇 업체에서는 천연염색을 Food color로 지칭하며 홍보한다.

파타고니아(Patagonia, 미국)에서는 천연염색 제품에 대해 천연염색(Natural Dye)이라는 용어도 사용하지만 클린컬러 컬렉션(Clean Color Collection)이라는 명칭을 부여해 마케팅에 활용한다. 스킨아우아(SkinAware, 일본)와 심플앤시즌(Simple and Season, 영국)에서는 천연염색을 Botanical Dye로 지칭하며 마케팅에 활용한다.

천연염색의 명칭은 이외에 Eco-friendly dyes, Eco dye, Sustainable dyeing이 사용되며, 염료 이름에 따라 향운사, 진흙, 인디고, 먹 등의 이름을 사용하기도 한다.

천연염색 제품을 생산하는 업체에서 이렇게 다양한 명칭을 사용하는 이유는 천연염색이라는 명칭만으로는 이미지 전달이 포괄적으로 되며, 친환경적인 천연염색 제품과 합성염료로 염색한 것을 차별화하거나 다른 업체와 차별화하고 천연염색의 장점과 신규성을 최대한 강조하기 위해서다.

세계 각지의 천연염색업체는 이처럼 천연염색의 이름을 바꿔가면서까지 소비자의 눈길을 끌려고 부단히 노력한다. 천연염색 명칭이 다양하다 보니 혼동을 주거나 검색하기가 어렵고, 이미지 분산 등 단점이 있으나 천연염색의 발전이라는 측면에서는 긍정적 효과가 기대되는 만큼 현장에서도 이를 응용해서 마케팅에 활용했으면 한다.

천연염색을 뜻하는 명칭이 다양해지고 있다. 천연염색한 누에고치

2
천연염색, 전기차에 답이 있다

　자연재해가 늘고 있다. 2018년 베네치아는 홍수로 도시 전체의 75%가 물에 잠겼다. 우리는 홍수 때 지붕 위로 피신한 소를 뉴스에서 보기도 했다. 지구 곳곳에서 기후 변화가 심화됨에 따라 국제적으로 환경오염을 줄이려는 노력이 뒤따르고 있다.

　환경오염은 인간 또는 생물의 건강·생존·활동에 장애를 주는 오염 현상으로 그 원인은 매연·분진·악취·소음·진동·오수·오물·폐기물·방사능물질 등 다양하다. 이 중에서 국제적으로 가장 먼저 이슈화되고 있는 것이 대기와 수질오염이다.

　대기오염은 기후 변화에 직접 영향을 미치므로 그대로 두어서는 안 된다는 국제사회의 공감대가 형성되었으며, 대기오염을 방지하기 위한 다양한 행동이 취해지고 있다. 대표적인 것이 유해 배기가스를 배출하는 내연기관차의 규제와 전기차, 수소차 등 친환경 차 보급이다.

내연기관차 규제는 이미 가시적이다. 네덜란드에서는 2025년부터 내연기관 신차 판매가 금지된다. 세계 주요 국가에서도 2030년부터 2035년 사이에 신차 판매가 금지되며, 우리나라에서는 2035년부터 내연기관차 등록이 불허된다. 중국은 2035년에 순수 내연기관 자동차를 완전히 퇴출하겠다고 선언했다.

대기오염의 주범 가운데 하나인 내연기관차는 이처럼 빠르게 퇴출되고 있다. 국제사회는 이제 대기오염에 이어 수질오염으로 시선을 옮기고 있다. 수질오염의 주범은 섬유패션산업과 농약이다. 섬유패션산업에서 사용되는 물은 세계 폐수의 약 20%를 차지한다(https://www.scirp.org/journal/paperinformation.aspx?paperid=17027). 섬유를 염색하는 합성염료와 후처리 물질은 수질과 환경을 심각하게 손상시킨다(https://e-info.org.tw/node/217783).

폴리에스테르 재질과 같은 합성섬유 제품은 제조·관리 과정에서 세탁할 때까지 수많은 마이크로플라스틱을 배출한다. 이것은 하천과 바다로 흘러 들어가 플랑크톤 → 작은 물고기 → 중간 물고기 → 큰 물고기 순으로 차례로 몸속에 쌓인다. 마지막에는 물고기를 먹은 사람 몸속으로 들어와 침묵의 살인자가 된다.

섬유패션산업이 환경을 오염한다는 경고음이 울린 지는 오래되었다. 대안으로 오래전부터 천연소재, 유기농·천연염색이 대두되었으나 이들은 상업적 논리에 따라 미루고 미뤄졌다. 그러나 이제는 '대기오염 : 수질오염' '내연기관 자동차 : 합성염료로 염색한 합성섬유패션'이 뚜렷하게 대비되게 되었다. 동시에 내연기관차의 가시적 퇴출은 현재 섬유패션산업에 매우 강한 압박으로 작용하고 있다.

이를 반영하듯 미국의 시장조사기관인 아리즈톤 어드바이저리 앤 인텔리전스(Arizton Advisory & Intelligence)가 지난 3월 24일 발표한 '미국 천연염료 시장 산업 전망 및 예측(U.S. Natural Dyes Market-Industry Outlook and Forecast 2021~2026)'에서는 섬유패션산업이 친환경적으로 변할 거라고 예측했다.

전기차는 대기오염을, 천연염색은 수질오염을 줄이는 대표적인 산업이다.

아리즈톤 어드바이저리 앤 인텔리전스의 보고서에 따르면, 미국 천연염료 시장 규모는 2020~2026년 연평균 12% 이상 성장해 2026년에는 15억 달러가 될 것으로 예측했다. 앞으로 5년간의 긍정적인 성장률과 패션 제품에서 염료가 차지하는 비율이 5% 이하라는 점을 감안할 때 천연염색업도 가시적인 성장이 예상되는 전망치다.

천연염색은 그동안 친환경적이라는 수식어는 따라다녔어도 오랫동안 가시적인 변화가 없어서 업계에서는 미래에 대해 확신하지 못한 측면도 있다. 전기차, 수소차도 그런 측면이 있었는데 최근 빠르게 보급되면서 천연염색 또한 섬유패선산업의 전기차가 될 수 있다는 답을 보여주고 있다.

  산학연에서는 힘을 모아 천연염색에 속도감을 부여해 수질오염을 줄이고 한국 천연염색이 세계의 리더 역할을 하도록 했으면 한다.

3
천연염색, 가야 할 길 망설이면 기회 잃는다

천연염색에 대한 관심과 외면이 교차하고 있다. 미세먼지, 가습기 살균제, 유기농, 탄소배출 등 환경 관련 단어의 노출 빈도가 늘어나는 것과 비례해서 천연염색에 대한 소비자들의 관심이 높아지고 있다.

천연염색을 배우겠다는 문의는 물론 천연염색 제품을 구매하는 사람들이 늘고 있다. 선진국에서도 친환경적인 천연염색 제품에 대한 관심도가 높아지고 있다. 해외 메이저업체 바이어들의 한국 천연염색에 대한 문의도 잦아지고 있다.

천연염색에 대한 소비자들의 관심이 증가하는 데 비해 정부와 공급자인 기업체에서는 외면하고 있는 것처럼 보인다.

그동안 천연염색은 산업적 측면에서 보여준 것이 별로 없었다. 말만 요란했지 일정 규모의 시장이나 매출을 만들어내지 못했다.

기업도 거의 없었고 그나마 있던 일부 영세기업도 연명하지 못한 사례가 많다. 국내뿐만 아니라 세계시장도 마찬가지여서 소비자들의 인식과 별도로 물건을 만들어 팔 수 있는 시스템이 갖추어지지 않았다. 천연염색이 없어도 섬유패션시장은 잘 작동했으며, 기존의 시스템으로도 돈을 버는 데는 문제가 없었다.

그런 상태에서 합성염료로 염색한 것과 다른 가치, 다른 물성 등을 갖는 천연염색을 기존의 시스템으로 작동시키기에는 역부족이었다. 아마 이러한 이유 때문에 천연염색을 여전히 관심 밖에 두고 있는 듯하다.

그런데 따져보면 그동안 관과 산업체에서는 천연염색의 산업화에 장애가 되는 요인들을 제거하는 데 소홀했다. 현재 천연염색은 대부분 전통문화, 공예, 농업, 중소기업 차원에서 접근하고 발전시킨 것이지 섬유패션산업 주무부서나 섬유 관련 연구소, 관련 기업에서 한 일은 별로 없을 정도다. 천연염색에 대한 투자와 연구개발은 하지 않으면서 천연염색의 산업화가 어렵다는 말만 되풀이해 온 셈이다.

그러는 사이 소비자들의 친환경제품에 대한 욕구가 커지고 있으며, 환경단체들의 환경오염 줄이기에 대한 압력이 커지고 있다. 국제자연보전연맹(IUCN), 국제환경계획(UNEP)이 지속 가능성 유지와 순환형 사회의 실현 추구를 제창했다.

세계 유수 섬유업체들이 위기에서 탈출하기 위해 현재와 맞지 않는 과거의 방식, 과거의 물건을 버리고 새로운 시대에 맞는 방식과 물건을 내놓기 위해 천연염색을 모색하는 등 천연염색은 섬유산업에서 반드시 가야 할 길이 되고 있다.

이제 때가 때인 만큼 한국 천연염색도 세계시장을 향해 승부수를 던져야 한다. 문화·공방 측면과는 별개로 산업화 측면에서 산학관이 하나 되어 장애 요인들을 하나하나 제거해야 한다. 산업체에서는 소비자들의 욕구에 맞는 천연염색 제품을 공급하려고 해야 한다. 천연염색의 특성을 연구하고 그에 맞는 상품을 생산해야 한다.

현재 일부 기업들은 생산성 때문에 점차 유통 중심의 업태로 변해가는데, 유통이 중심이 되면 소규모 기업이 설 자리가 없어지고 일자리도 사라지게 된다. 일자리가 없어지면 기술도 사라져 섬유산업의 기반이 무너진다. 그러므로 천연염색이라는 새로운 상품을 생산해 생산 중심 업태를 유지해야 한다. 연구기관에서는 염료 추출, 염색, 상품 제작에 이르기까지 기술을 개발하고 천연염색 제품이 합성염료로 염색한 것보다 더 친환경적이라는 사실을 증명하는 자료를 생산해야 한다.

천연염색 제품은 어떤 조건에서 색이 어느 정도 바래고 오

지구 차원에서 탄소발자국을 줄이려고 노력함에 따라 천연염색 제품의 시장이 커지고 있다.

염되는지 소비자에게 전달할 자료도 만들어내야 한다. 관에서는 천연염색이 성장·확장되는 산업이라는 데에 주목하고, 제품의 생산·유통에 장애가 되는 규제를 찾아 없앨 뿐 아니라 수출을 촉진하도록 해야 한다.

산학관은 이처럼 총체적으로 천연염색의 산업화에 매진해야 한다. 천연염색이 친환경산업으로 부각되고 새로운 시장이 개척되고 있는데도 과거만 생각하고 망설이다 보면 아차 하는 순간 기회는 다른 기업, 다른 나라로 넘어가 버린다.

4
천연염색의 역습, 이제 다시 시작이다

다사다난했던 한 해를 돌아보면 우리는 상상도 하지 못했던 다양한 상황을 경험하고 있고 천연염색계도 그에 못지않게 충격적인 역사를 기록했다. V사는 우리나라 역사상 처음으로 천연염색 제품을 4억 원어치 넘게 수출했다. 천연염색 원단·의류 수출 실적이 이제까지 전혀 없었던 것은 아니다. 여러 업체에서 나름대로 조금씩 수출해왔지만 V사의 수출 실적처럼 물량과 내용 면에서 획기적인 경우는 없었다.

그동안 천연염색계 내외부에서는 천연염색이 산업화되는 조건으로 견뢰도 확보와 색의 재현성이 전제되어야 한다고 강조해왔다. 기술력을 갖춘 몇몇 영세업체에서는 염색 비용

상승을 무릅쓰면서까지 견뢰도와 색의 재현성 확보에 몰두하며 원단을 생산하기도 했다. 하지만 정작 판로에 문제가 생겼다. 천연염색이니 잘 팔릴 거라는 기대와 달리 기계로 천연염색을 한 것은 합성염료로 염색한 것과 시각적으로 확연하게 구분되지 않았기 때문이다.

그래서 최종제품 생산자는 천연염색 원단을 사용해 만들었다는 설명이나 홍보 등 별도 마케팅이 필요했다. 이것은 비용으로 연결되어 원가 상승 요인이 된 반면 소비자들은 단지 천연염색 제품이라는 이유만으로 비싼 가격에 구입하는 대열에 나서지 않았다.

결국 염색기에 의존한 천연염색 원단은 생산과 제품화에서 성공모델을 만들어내지 못했다. 다만, 그 과정에서 천연염색가, 제품 생산자, 소비자 간에 무언의 타협점을 찾아낸 것이 손 느낌이 나게 하는 천연염색 원단들이었다.

이것들은 문양염, 복합염같이 공예적인 느낌이 나게 염색한 것인데, 제품 제작과 판매에 이르기까지 성공한 사례가 있다. 하지만 이들 제품 소비자들의 스펙트럼이 좁아 소비 확장에 한계점을 드러내고 있다. 손 느낌이 나는 염색 원단은 생산 측면에서 생산성이 낮고 대량 생산이 어려운 단점이 있다. 천연염색은 이러한 이유로 우호적인 시선이나 기대와 달리 크게 성장하지 못하고 있다.

이에 비해 V사는 천연염색이니 잘 팔릴 거라는 생각을 버리고, 천연염색 결과물을 합성염료로 염색한 것과 동일선상에 놓고 시작했다. 즉, 인류가 옷을 입는 한 천연염색을 해도 합성염료와 같은 품질에 비슷한 가격대로 원단을 생산하면 판매할 곳은 널려 있다는 생각에서 출발해 연구했다.

연구 과정은 쉽지 않았으나 결과는 상당히 성공적이어서 국제 인증기관으로부터 합성염료로 염색한 것에 뒤지지 않는다는 품질 인정을 받았다. 게다가 천연염료로 염색하는 것이 합성염료로 염색하는 것보다 친환경적이라는 국제 인증도 받으면서 원단의 친환경적 생산을 중시하는 유럽의 대형 SPA(제조유통 일괄화, 의류 기획에서 판매까지 전 과정을 제조회사가 맡는 의류 전문점)로부터 수입 요청이 쇄도하고 있다.

해외에서 천연염색 원단 수입 요청이 많은데도 V사에서 올해 수출한 금액이 4억 원 정도에 불과한 것은 생산 시설의 한계 때문이다. 이제껏 연구에 비중을 두고 시험 생산 시설만

가동했으니 말이다.

  V사에서 천연염색 공장을 준공하면 천연염색 원단은 합성염료로 염색한 원단 시장을 점점 더 잠식할 것이다. 이것은 그동안 합성염료에 밀려났던 천연염색의 역습이라 할 수 있다.

  천연염색은 영국의 유기화학자 퍼킨(William Henry Perkin, 1838~1907)이 1856년 유기염료 모브(mauve)를 합성하기 전까지 수천 년 동안 인류와 함께했으나 합성염료의 개발과 보급에 따라 초토화되었다. 인디고나 알리자린처럼 쪽과 꼭두서니에서 얻던 염료의 합성, 형광염료(螢光染料) 같은 특수 염료의 계속적인 개발로 산업 현장에서는 그 유전자도 찾아보기 어렵게 되었다.

  하지만 천연염색은 한국에서 합성염료에 역습을 시작하고 있다. 그 역습의 선두에 서 있는 V사에는 박수를 보낸다. 동시에 더 많은 V사가 미래 의식을 갖고 천연염색이라는 무기로 미래에 대비하고, 한국 섬유 염색산업의 부활을 이끌어내길 기대한다.

5
코로나19 시대, 빛나는 천연물질의 힘과 천연염색

코로나19에 항바이러스 효과가 있는 물질들이 속속 발표되고 있다. 2020년 9월 15일 일본 나라현립의과대학 이토 토시히로(伊藤利洋) 면역학 교수와 야노 히사카즈(矢野寿一) 미생물감염학 교수는 감물에 코로나19 바이러스를 불활성화하는 효과가 있다고 발표했다.

야노 교수는 구강 내와 유사한 조건(타액을 넣은 시험관)에 코로나19와 고순도 감 타닌을 넣고 10분간 공존(접촉)시킨 결과 코로나바이러스가 1만 분의 1 이하로 불활화(不活化)했다고 밝혔다(読売新聞, 2020. 10. 3).

감물의 항바이러스 연구는 나라현립의과대학 이전에도 있

었다. 2013년 2월 일본 히로시마대학대학원 의치약보건학 연구원 바이러스학의 사가구치 다케마사(坂口剛正) 교수는 감물을 이용해 고양이 칼리시 바이러스, 쥐 노로바이러스, 폴리오 바이러스, 콕사키 바이러스, 아데노 바이러스, 로타바이러스, 인간 인플루엔자 바이러스, 조류독감 바이러스, 단순 포진 바이러스 1형, 수포성 구내염 바이러스, 센다이 바이러스, 뉴캐슬병 바이러스에 대한 항바이러스 효과를 조사한 결과 모든 바이러스가 완전히 불활성화했다고 알렸다.

사가구치 교수는 감물의 항바이러스 효과에 대해 감물이 바이러스 표면 단백질과 결합해 바이러스를 불활성화했다고 밝혔다. 2년간 저장한 감물과 끓인 감물에서도 항바이러스 효과는 손실되지 않았다고 했다(PLoS ONE, 2013. 1. 25).

2020년 11월 25일 일본 나라현립의과대학에서는 〈차에 의한 신형 코로나바이러스의 불활화 효과에 대해〉라는 보도자료를 냈다. 이 보도자료에서 야노 히사카즈 교수는 차와 신종 코로나바이러스를 혼합한 후 30분간 방치한 결과 신종 코로나바이러스 감소율이 99.975%였다고 소개했다(公立大学法人奈良県立医科大学, プレスリリース, 2020. 11. 25).

2021년 1월 28일 일본 미야자키대학 의학과 의학부 모리시타 카즈히로(森下和広) 교수팀은 미야자키현청 기자실에서 "블루베리의 잎과 줄기 추출물 성분 중 신종 코로나바이러스 불활화 효과에 대해"를 주제로 연구 결과를 발표했다. 이날 발표 내용은 원숭이 신장 상피세포 배지에 신종 코로나바이러스와 블루베리 잎과 줄기 추출물에서 얻은 정제물질을 첨가한 결과 바이러스가 99.9% 이상 감소했다는 것이다(宮崎大表, プレスリリース, 2021. 1. 28).

　천연염료로 사용되는 식물 추출물의 항균성, 소취성 효과는 위의 항바이러스 효과보다 많이 연구되어 있다. 특히 청색 염료로 사용되는 인디고는 합성물질의 경우 항균 효과를 나타내지 않으나 천연 인디고는 높은 항균성을 보이는 등 천연물질의 힘은 막강하며, 코로나19를 계기로 이것이 빛이 나고 있다.

　그런 측면에서 코로나19로 건강의 중요성이 강조되는 요즘 항바이러스 등의 효과가 있는 천연물질을 이용해 염색한 천연염색 섬유와 제품의 우수성을 효과적으로 알릴 좋은 기회이지만 섬유패션업계에서는 제대로 활용하지 못하고 있다.

염료로 염색한 천은 소취성, 항균성 등 기능성이 있는 것들이 많다(천연 인디고 염료로 염색한 천).

　　코로나19가 종식되더라도 인간과 바이러스, 인간과 균의 싸움은 영원할 것이므로 코로나19를 계기로 항바이러스 및 항균 섬유패션의 개발과 함께 천연염색의 우수성을 적극적으로 홍보하고 활용했으면 한다.

둘째 마당

윤리적 소비,
지속 가능한 천연염색

1 비건패션 확산이 천연염색업계에 보내는 신호

　유럽과 미국에서는 비건주의(Veganism)가 확산되면서 관련 산업이 커지고 있다. 비건주의는 육류, 생선뿐만 아니라 유제품과 동물에서 나온 부산물도 전혀 먹거나 사용하지 않는 엄격한 채식주의를 가리킨다.

　비건(Vegan)은 음식의 이미지가 강하지만 패션에서도 확산되고 있다. 비건패션(Vegan Fashion)은 동물성 소재를 배제한 패션 철학이다. 비건 실천주의자들은 가죽과 모피, 양모 등의 소재로 만든 옷을 입지 않는다. 그래서 누에에서 생산된 비단도 사용하지 않으며 오리나 거위 깃털을 사용하는 것도 비건패션 규칙에 어긋난다.

이렇게 비건패션을 추구하면 소재가 제한적이어서 패션 스타일이 뒤질 수 있고, 보온 등 기능성이 떨어질 수 있지만 비건주의는 윤리적 소비의 가치를 더 중시한다. 비건패션을 적극적으로 추구하는 이들은 동물애호가들만이 아니다. 섬유패션의 생산과 제조 과정에서 일어나는 비윤리적인 부분에 공감하고 반대 의사를 표명하는 사람들, 지구 온난화와 수질오염 등 환경을 생각하는 사람들 등 다양하다.

비건은 흐름을 타고 있다. 뉴욕 시내 곳곳에는 비건 전문 레스토랑과 식당이 있고 일반 식당에서도 비건 식품을 취급하며, 비건패션 제품 취급점들이 늘고 있다. 스웨덴 젊은 층의 17%, 전 국민의 10%는 비건주의자로 생각한다는 스웨덴 동물권리협회의 2014년도 조사 보고서도 있다. 영국, 프랑스, 독일 등 다른 유럽 국가들도 비건주의자들이 늘면서 이제 비건은 되돌릴 수 없는 하나의 흐름을 형성하고 있다.

비건을 추구하는 사람들이 늘어나자 패션업체들도 재빨리 대응하고 있다. 몇 년 전 동물애호단체인 PETA(People for the Ethical Treatment of Animals)가 중국 앙고라토끼 농장의 잔인한 사육 영상을 공개한 이후 거대 의류업체 필립스 반 호이

젠(PVH)을 비롯해 많은 업체가 앙고라 제품의 생산 또는 판매 중단에 동참했다.

2015년 11월 말에는 PETA가 제3회 '비건패션 어워드(Vegan Fashion Awards)' 수상자를 발표했는데, 비비안 웨스트우드, 시몬로샤, 스텔라 매카트니, 쉬림프스, 스페인의 패스트패션 브랜드 자라(ZARA)와 제조유통 일괄화(SPA) 의류 브랜드 에이치엔엠(H&M), 인터넷 소매업체 아소스(ASOS)가 명단에 올랐다.

비건패션의 이 같은 확산은 우리나라의 기업과 천연염색업계에 청신호가 되고 있다. 우리나라는 그동안 천연염색 관련 연구기관, 박물관, 공방, 업체 등 인프라를 잘 갖춰왔고 기술 수준도 높다. 잘만 대응하면 무주공산인 세계 천연염색의 주도권을 쥘 절호의 기회를 맞이했다. 하지만 섬유패션업계는 천연염색을 적극적으로 활용하지 못하고 있으며, 천연염색업계에서는 천연염색 제품의 항균성, 소취성, 항아토피성 등의 기능성 강조에만 몰두하는 등 비건패션 확산이 보내는 신호를 제대로 읽지 못하고 있다.

현재 비건패션을 추구하는 업체들이 천연염색에 요구하는 것의 큰 맥락은 생명 존중과 윤리, 합성염료 제조 과정에서 발생하는 오염을 줄임으로써 지구환경 보호에 기여한다는 점이다.

이 업체들은 동물성 소재와 염료 사용을 배제하며, 일부 업체는 초본식물의 염재도 사용을 금지하라고 요구한다. 이들이 초본의 염재 사용 금지를 주장하는 데는 세 가지 이유가 있다.

첫째, 비건주의자 중 초본류는 생명이 있으므로 줄기나 뿌리는 먹지 않고 열매만 먹는 사람을 프루테리언(Fruiterian)이라고 하는데, 천연염색에도 이를 적용하는 것이다.

둘째, 초본류 재배가 산림파괴의 원인이 되며, 초본류는 목본식물보다 이산화탄소를 덜 흡수한다는 것이다.

셋째, 아직도 지구상에는 굶어 죽는 사람들이 수없이 많은데, 식량을 생산해야 할 경작지에 염료용 식물을 심거나 식량으로 이용되는 것을 염료로 쓰는 것은 비윤리적이라는 것이다.

우리나라 패션산업·천연염색업계는 이러한 신호를 제대로 읽고 소재와 염료 선정, 염색·유통에 이르기까지 효율적으로 대응해야 한다. 동시에 천연염색 과정에서는 환경오염을

비건주의 확산으로 천연염색과 같은 비건패션도 시장이 확장되고 있다.

최소화하고, 합성염료로 염색하는 것과 비교할 때 오염을 얼마만큼 줄일 수 있는지 계량화된 자료를 도출해 마케팅에 활용해야 한다.

　천연염색 제품의 소비를 늘리려면 착용자의 건강에 좋다는 개인주의 의식을 넘어 천연염색 옷이 공동체를 위해 공헌한다는 인식을 심어주고 지구환경 보전에 도움이 된다는 자부심을 갖게 해주어야 한다.

2
에티컬패션과 패스트패션 그리고 천연염색

 뜨거운 여름, 쏟아져 나오는 각종 핫한 이슈가 여름을 더 뜨겁게 달군다. 자동차 연비 조작 사건을 일으킨 폭스바겐(Volkswagen)은 미국에서는 구매자 1인당 배상금을 1,000만 원씩 지급하기로 합의했지만 한국에서는 규정이 없다는 이유로 배상을 거부했다. 이에 기업윤리를 지적하는 목소리와 불매운동이 있었으나 메아리에 그쳤다.
 자중하기보다는 할인 판매와 무이자 혜택 등의 마케팅을 선택한 폭스바겐의 국내 자동차 판매는 폭발적으로 증가했다. 윤리적 소비가 폭스바겐의 대담성에 맞서기에는 역부족이었다. 연예계에서도 핫이슈가 줄줄이 나왔다.

유명 연예인들의 잇따른 성추문 논란, 감독과 여배우 불륜설에 따른 도덕성 논쟁에 더해 연예인의 도덕성과 작품은 별개라는 의견과 도덕성을 방송 출연과 연계하는 정서가 충돌하고 있다. 폭스바겐과 연예인의 도덕성, 기득권층의 갑질처럼 패션계에서도 윤리가 논란이 되면서 '에티컬패션'이 주목 받고 있다.

  에티컬(ethical)은 '윤리적인 것' '도덕적인 것'이라는 말로, 에티컬패션은 생산자와 생산지를 배려한 윤리적 패션, 사람과 환경을 고려한 패션 등으로 윤리적 소비를 수반하는 패션을 의미한다.

  패션에서 에티컬이 주목받게 된 배경에는 최근 대세인 패스트패션이 있다. 패스트패션(Fast fashion/SPA: Specialty store retailer of Private label Apparel)은 최신 유행을 즉각 반영한 디자인, 비교적 저렴한 가격, 빠른 상품 회전율로 승부하는 패션이다.

  패스트패션은 가난하지만 디자인과 유행에 민감한 젊은 세대를 만족시켜주며, 끊임없이 많은 물건을 만들고 팔아야만 하는 자본주의 구조 속에서 크게 성장해왔다. 하지만 패스트패션의 소비자가 증가한 만큼 그에 대한 의문도 커졌다. 어디에서 누가 만들었기에 이렇게 저렴하게 판매할까, 저렴하다는 이유로 너도나도 유행에 따라 쉽게 사고 쉽게 버린다면 지구환경은 언제까지 버틸까 하는 의문이다.

  이런 의문이 구체화되어 목화 재배 시 농약 사용량, 화학염료 염색, 가난한 지역 사람들에게 일자리 제공, 노동 환경과 착취 여부, 공정무역, 상품 폐기, 지속 가능성에 관심을 두는 소비자들이 생겼다.

  이들은 아직 숫자가 많지는 않지만 옷을 살 때 가격과 디자인이라는 눈에 보이는 것 외에 눈에 보이지 않는 생산 전후 스토리를 소비에 반영하며, 일부는 불매운동과 연결한다. 현재 에티컬패션 소비는 패스트패션의 진원지인 유럽에서 특히 늘고 있다.

  물가가 높은 북유럽에서도 대학생들은 패스트패션을 점차 멀리하고 있으며, 상점에는 에코제품을 찾는 사람들이 많고, 거리에서는 불필요한 것을 버리지 않고 재활용하기 위한 벼룩시장이 자주 열린다. 일본에서도 에티컬패션이 패션계 키워드가 되면서 에티컬패션을 강조하는 패션 회사가 늘어나고 있다.

　패션 회사의 인터넷 홈페이지에는 제품 재료의 이력, 생산 과정과 환경 등에 대한 소비자들의 문의와 함께 비윤리적인 회사 제품의 불매운동도 늘어나고 있다.

　에티컬패션에 대한 사회적 관심은 이처럼 증가하는 데에 비해 시장 규모는 아직 작은 편이다. 이는 상품의 다양성과 가격대 제약, 윤리적 소비에 대한 가치관의 미성숙에 따른 낮은 만족도 때문이다. 에티컬패션의 시장 확대에 대응하려면 관련 디자이너 양성, 상품과 가격의 다양성 등 생산자 측과 소비자의 가치관 성숙 촉진 같은 대응이 뒤따라야 한다.

　한편, 우리나라에서 천연염색은 패스트패션보다는 에티컬패션에 더 가까이 있다. 염색 주체, 사용 염료 측면에서 그렇고, 수요자들도 에티컬패션 소비자층에 가깝다.

　하지만 천연염색 공정이 확실하게 에티컬패션이라고 주장하기에는 관련 자료가 너무나 부족하다. 천연염색이 몸에 좋다는 것에만 초점이 맞춰져 있는 것도 문제다. 국제적 시각에서 보면 이것이 에티컬패션 소비자와 거리를 좁히는 데 장애가 되고 있다.

천연염색이 에티컬패션의 소비 증가와 함께 성장해 국제적인 시장을 선점하려면 국제적 시각에서 에티컬패션의 색채를 분명히 하면서 소비자들에게 다가가야 한다.

전통 직조와 천연염색은 에티컬패션의 주류를 차지한다.

3
천연염색은 정말 친환경적일까

 "천연염색이 친환경적이라면 정량화된 자료를 제시해달라." 유럽의 대형 SPA가 천연염색 원단을 수출하는 국내 A사에 요구한 사항이다. A사는 부랴부랴 천연염색 관련 자료를 찾았다. 천연염색과 관련해 400편이 넘는 석박사 논문, 500편이 넘는 학술지 논문 그리고 연구과제 보고서를 다 뒤져봐도 유럽의 대형 SPA 요구에 딱 들어맞는 자료는 없었다. 천연염색은 친환경적이라는 말을 귀에 못이 박이도록 들어왔으나 막상 그것을 정량적으로 증빙할 자료는 없었던 것이다.
 그래서 A사 관계자는 자체적으로 SPA 요구에 맞는 자료를 만들어 대응하기는 했지만 부족한 부분이 너무 많아 천연염

색 제품의 수출 촉진 차원에서라도 꼭 연구 자료가 나왔으면 한다고 했다.

천연염색에 대해서는 그동안 많은 연구가 이루어졌지만 이처럼 산업이나 수출 현장에서 꼭 필요한 자료는 너무나 부족하다. 특히 가장 큰 장점으로 내세우는 친환경에 대해서도 관련 연구 자료는 거의 없고, 염료가 친환경적이니 나머지 공정도 다 친환경적일 거라고 단정하거나 곡해하는 사람들만 많은 편이다.

그런데 천연염색과 합성염료 염색 공정을 몇 가지 측면에서 비교해보면 천연염료 자체는 천연이라고 하지만 염료를 열수로 추출하면 에너지가 많이 소비되고, 농축하면 에너지 소비는 더욱더 늘어난다.

염색 시 욕비는 천연염색 산업 현장의 경우 1:30 정도로 하며, 공방에서는 1:50 정도로 맞춰서 한다. 합성염료를 이용한 염색 시 욕비는 1:10 이하로 하며, 최근에는 물 없이 염색하는 초임계 염색 시스템(Supercritical Dyeing System)도 적용하고 있다.

염색 시 물 사용량은 폐수 배출뿐만 아니라 염색 온도를 높이는 데 필요한 열량 소모와도 관련이 있다. 천연염색 시 60℃에서 30분간 염색하면 수세할 때 색소가 많이 빠져 물을 오염시킨다. 90℃에서 30분간 염색하면 온도를 높이는 데 에너지 소모가 많아지지만 염착률이 좋아 수세할 때 염료가 물을 오염시키는 양이 적어진다.

합성염료 염색은 저온 타입의 경우 40~50℃에서 1시간 정도 한다. 이것은 천연염색보다 저온에서 염색을 하나 염색하는 시간이 길고, 그만큼 에너지 소모가 많아진다. 고온 타입은 90℃에서 1시간 염색하는데, 천연염색보다 염색하는 시간이 길고, 그에 따른 에너지 소모량이 많게 된다.

천연염색에서는 염색 과정에서 약품을 투입하지 않으나 화학염색에서는 알칼리제를 투입하는데, 이것이 물을 오염시킨다. 염색한 뒤 수세에는 천연염색보다 화학염색에서 물이 많이 소모된다.

소핑(soaping) 과정에서 천연염색은 상온에서 10분간 실시해도 충분하나 화학염색은 98℃에서 10분간 실시해야 한다. 염색 과정에서 투입한 알칼리제를 제거해야 하기 때문이다.

한편, 감물염색이나 발효쪽물을 이용한 염색은 일반 천연염색과 다르다. 감물염색은 염료를 열수 추출하지 않고 파쇄·착즙하며, 그에 따른 에너지가 소모된다. 염색할 때 온도를 높이지 않고 수세도 하지 않으나 발색 과정에서 물을 뿌려야 하므로 일정량의 물이 소모된다. 발효쪽물도 염료 제조 과정에서 재와 소석회를 만들어야 하고, 염색 후에는 수세할 때 물이 많이 필요하며, 알칼리를 중화해야 한다.

 천연염색은 이처럼 염재 종류에 따라 차이가 있고, 합성염료 염색 과정과도 차이가 있다. 또 천연염색의 각 공정이 모

감물염색은 상온에서 염색하고 수세도 하지 않는 등 친환경적인 요소가 많다. 감물염색 후 발색 장면

두 친환경적인 것은 아니며, 일부 공정은 합성염료 염색이 더 친환경적인 부분도 있다.

그러므로 천연염색이 친환경적이라는 것을 증명하려면 단위 공정별 자원과 에너지 사용, 대기·수계 배출물과 폐기물(지구 온난화, 인체 건강, 고갈성 자원 소비, 부영양화, 오존층 파괴, 산성화) 등을 정량화하는 전 과정 평가(LCA: Life Cycle Assessment)가 이루어져야 한다.

또한 전 과정 평가로 환경 비용을 더 절감하는 염료 추출 방법, 염색 과정 등을 개발하여 적용하고 이를 소비자에게 알려야 한다. 그렇지 않고 친환경적이라는 주장만 되풀이하는 것은 의구심만 갖게 할 뿐이다.

4
패션의 환경 책임, 천연염색으로 답한다

 패션의 힘은 자유이고 자유에는 책임이 따른다. 그 책임을 지려는 패션기업이 늘고 있다. 패션기업의 성장은 패션의 생산과 소비에 기반한다. 패션기업뿐만 아니라 자본주의의 경제성장은 생산에 기반한다. 생산량은 더 많은 사람이 생산 과정에 참여하고, 개인들이 더 많은 양을 생산할수록 늘어난다.
 생산량을 지속적으로 늘리려면 지속적인 소비가 뒤따라야 한다. 소비는 인간이 욕망을 충족하기 위해 재화나 서비스를 소모하는 일이며, 그 욕망을 자극하는 것이 유행이다. 자본주의 사회에서는 지속적인 소비를 이끌어내기 위해 유행을 만들고 이용한다. 소비자들은 주로 다른 사람 눈을 의식하는 데

서 성립되는 유행에 대응하려고 소비활동의 비중을 늘린다.

유행 속도는 점점 빨라지고 있으며, 소비자들은 그에 대응하려 소비문화의 변화를 계속 추구한다. 그 흐름의 최전선에 있는 것이 패션산업이며, 특히 패스트패션이 그렇다. 패스트패션업계는 사람들의 소비 속도를 더 빠르게 하고 더 많이 소비하게 함으로써 이익을 극대화한다.

하지만 패션업계의 상품 생산이 증가하고 빠르게 소비될수록 지구환경 문제가 심각해진다. 섬유패션산업은 에너지, 물, 화학물질, 토지 사용 측면에서 환경 비용 수반도가 높다. 특히 화학염료 염색에서는 환경오염 물질이 외부로 유출되어 지역 환경을 오염시킨 사례가 많다.

원유(화석연료)로 만들어지는 폴리에스테르와 같은 합성섬유는 면직물에 비해 이산화탄소 배출량이 몇 배나 된다. 의류의 과잉생산도 문제다. 생산 과정에서 환경오염뿐만 아니라 폐기에 따른 매립, 연소 등 환경오염이 유발되는데, 생산된 것 중 3분의 1이 매립지로 직행한다.

코로나19로 환경에 대한 자성의 목소리가 높아지고 있으며, 환경문제에 대한 패션산업의 책임론이 부상함에 따라 최근 일부 패션업체에서는 책임이라는 차원에서 천연염색, 유기농을 추구하고 과잉생산 방지에 나서고 있다.

천연염색은 염색 과정에서 화학물질을 사용하지 않는 점 외에 천연소재에만 염색되기 때문에 폴리에스테르와 같은 합성섬유가 제한적으로 사용된다. 유기농은 천연소재를 생산하는 과정에서 농약 사용을 억제하는 효과가 있다. 과잉생산은 선주문, 후생산으로 필요한 만큼 생산하는 것으로 전환이 가능하다.

환경에 책임 있는 기업으로 나서겠다며 2021 봄·여름 상품에 천연염색을 출시한 업체로는 필멜란지(FILMELANGE), 에브루(EBURE), 셀렉트숍&카페 브랜드인 론 허먼(RON HERMAN)이 대표적이다. 영앤올슨(YOUNG & OLSEN)에서는 유기농 청바지를 내놓았고 시몬밀러(Simon Miller)에서는 업사이클 청바지를 출시했다. 환경오염에 천연염색으로 답하는 패션업체가 등장한 것은 반가운 일이다. 더 많은 업체에서 환경오염에 대한 책임감을 갖고 천연염색 제품 생산을 늘렸으면 한다. 소비자들 또한 환경오염에 책임지려고 노력하는 업체를 소비로 지지했으면 한다.

천연염색은 주로 천연소재에만 염색되므로 폴리에스테르와 같은 합성섬유가 제한적으로 사용된다.

5
세계 물의 날, 천연염색으로 응답하자

  3월 22일은 유엔(UN)이 제정 선포한 '세계 물의 날(World Water Day)'이다. 유엔은 1992년 12월 22일에 '세계 물의 날 준수(Observance of World Day for Water) 결의안'을 채택했으며, 1993년부터 매년 3월 22일을 '세계 물의 날'로 기념하고 있다.

  우리나라는 1990년부터 7월 1일을 '물의 날'로 정하여 기념해왔다. 그러다가 UN에서 '세계 물의 날' 행사에 동참할 것을 요청해오자 1995년부터 3월 22일을 '세계 물의 날'로 변경 지정했다. '세계 물의 날'은 전 세계 사람들에게 물 오염과 물 부족 문제의 심각성을 인식시키고, 수자원을 보호하며, 이를 개선하자는 취지에서 제정되었다.

식수 오염과 부족은 UN에서 '세계 물의 날'을 제정할 만큼 심각한 상황이며, 섬유패션산업은 그 주범의 하나로 꼽힌다. 엘렌 맥아더재단(Ellen MacArthur Foundation)에 따르면 섬유 제품 생산에는 연간 약 930억 세제곱미터의 물이 사용된다고 한다. 이는 올림픽 수영장 3,700만 개분에 달한다. 면 T셔츠 1장을 만드는 데 필요한 물의 양은 무려 2,720리터 정도다. 이는 한 사람이 3년에 걸쳐 마실 정도의 양이다.

섬유패션산업은 물의 대량 소비뿐만 아니라 수질오염에도 큰 영향을 미친다. 2012년에 발표된 연구(https://www.scirp.org/journal/paperinformation.aspx?paperid=17027)에 따르면 의류 염색 및 마무리 공정에서 발생하는 폐수는 세계 폐수의 약 20%를 차지한다.

섬유패션산업은 화학물질이 가장 많이 사용되는 산업이기도 하다. 합성염료(화학염료)에는 약 72가지 독성물질이 포함되어 있는데, 이 중 30가지는 제거하기가 어렵다. 물을 통해 방출된 염료의 약 40%는 수질과 환경을 심각하게 오염시킨다(https://e-info.org.tw/node/217783). 오염된 물은 다시 토지와 수질을 오염시켜 사람이 이용할 수 없을 정도가 되게 한다.

이러한 폐단을 줄이려면 목화 재배단계부터 유기농 선택, 물 사용량을 줄인 염색과 후처리 방법 적용, 제조·관리 과정에서 세탁할 때까지 수많은 마이크로플라스틱을 배출하는 폴리에스테르 재질 제품 사용 제한, 화학물질이 많이 사용되는 가죽 사용 축소와 환경 부하가 적은 가죽 사용, 세탁 횟수 줄이기 등의 노력이 필요하다. 섬유의 염색과 가공 과정에서 발생하는 폐수에 대해 역삼투막과 이온교환수지를 이용한 처리 방법 등으로 오염수를 최소화하는 것도 중요하다.

　근본적으로 수질오염을 방지하려면 합성염료를 비롯한 화학물질을 덜 사용해야 한다. 특히 합성염료는 저렴하면서도 색 재현성이 높아 안정적이고, 다양한 색깔을 진하게 염색하는 것이 가능하면서 견뢰도도 강하다. 그러나 수질 측면에서는 제거하기 어려운 치명적 독성물질을 많이 함유하고 있다.

　천연염료는 합성염료에 비해 염료가 다소 비싸며 색의 재현성과 견뢰도가 낮고 염색 과정에서도 비용이 다소 많이 드는 단점이 있으나 안전성(安全性)이 높고 친환경적이며, 색상이 자연스러운 장점이 있다. 또 합성염료 사용 시 문제가 되는 독성물질이 거의 배출되지 않고 수질 오염도가 매우 낮은 수준이거나 아예 없어서 수자원 보호에 우수하다.

천연염료는 수질오염 확대를 방지하는 우수한 대책이지만 섬유패션산업에서 적용되는 비율은 0.001%도 되지 않는다. 그 배경에는 여러 가지가 있으나 그동안 익숙해진 저렴하고 화려한 색상의 옷에서 벗어나지 못하는 것이 주원인이다. '세계 물의 날'을 계기로 섬유패션의 생산자와 소비자 모두 합성염료의 익숙함에서 벗어나 물을 보호하는 천연염색을 생각하자. 천연염색 제품을 더 많이 이용해 '세계 물의 날'에 응답하고 물을 지켜나가자.

6
푸드텍스타일의 성공이 천연염색업계에 주는 메시지

글로벌 패션 어젠다(Global Fashion Agenda, 2017)에 따르면 전 세계 연간 의류 폐기량은 9,200만 톤에 이르며, 그 양은 앞으로 계속 증가할 것으로 여겨진다. 식품 폐기량도 증가하고 있다. 전 세계 음식물 폐기량이 2030년이면 연간 6,000억 달러 규모로 발생할 것으로 추산한다. 국내에서는 매일 1만 5,000톤, 연간 500만 톤가량의 음식물이 버려진다(http://www.thinkfood.co.kr).

일본 또한 2019년 전국의 식품 손실이 연간 643만 톤에 이른다. 이는 국민 한 사람당 연간 50킬로그램 이상의 식품을 폐기하는 것과 같은 양이다. 일본 기업 도요시마(豊島,

Toyoshima & Co., Ltd.)에서는 의류와 음식 폐기라는 두 가지 문제를 동시에 해결하기 위해 푸드텍스타일(Food Textile) 프로젝트에 도전했다.

푸드텍스타일 프로젝트의 주체인 도요시마는 1841년 창업한 대형 섬유업체다. 원래는 목화 도매업을 했으나 현재는 면화 외에 양모 등 섬유 원료와 원사·직물 처리, 의류제품의 생산 관리·납품까지 일련의 과정 등을 종합적으로 취급한다. 또 지속 가능한 라이프 스타일 제안 기업으로 지속 가능한 다양한 소재의 개발과 제공, 테크 벤처 투자와 스마트웨어 개발을 추진하고 있다.

도요시마는 약 30년 전 의류산업을 통한 지속 가능성을 위해 노력하기 시작했으며, 그동안 유기농 취급, 섬유 재단 쓰레기를 재활용하는 100% 업사이클 실의 제작과 활용 등 수많은 지속 가능한 소재를 취급하고 프로젝트를 탄생시켰다.

푸드텍스타일 프로젝트는 규격 외 제품이나 가공 시 조각 등 폐기 예정인 채소와 과일을 염색 원료로 사용하는 것이다. 또 대기업 식품 메이커나 음식 체인, 농장 등에서 거둔 식품 잔류물을 의류산업에서 활용하고 있다.

도요시마에서 푸드텍스타일은 디플레이션 시대에 섬유 중개업의 한계, 대량 생산과 대량 소비형 사회의 미래에 대한 의문을 안고 있을 때 타 업종 교류회에서 식품회사의 식품 폐기물 고민을 들으며 시작되었다. 처음에는 식품 폐기물을 의류 섬유 제조에 활용하면 어떨까 해서 각각의 음식에 대해 염료로 가능성 테스트를 반복했다. 그 결과 견뢰도가 낮고 음식의 색상과 달리 나타나는 색 등으로 고전을 면치 못했다.

연구개발을 거듭한 끝에 식품 유래 염료로 염색한 원단은 특유의 부드러운 색조를 보이면서도 색상 내구성이 높아 오랫동안 사용할 수 있는 수준이 되었다. 식품 하나에서 여러 색의 염료를 추출하게 되었고, 지금까지 약 50종류의 식품에서 500여 가지 색조를 만들어내는 데 성공했다.

일본에서 푸드텍스타일은 식품에서의 염료 추출, 염색기술 확립뿐만 아니라 사업 전개 측면에서도 성공적이다. 사업 전개 구조는 염료로 활용되는 식자재 폐기물을 제공하는 식품기업, 그것을 받아서 염료를 추출하고 염색해서 원단을 제공하는 업체(도요시마), 식품으로 염색한 원단을 구입해 각각의 디자인과 브랜드로 제품을 만들어 판매하는 여러 기업으로 되어 있다.

식품 폐기물의 이용과 '지속 가능한'이라는 환경과 사회에 대한 배려와 명분, 소비자에게 환경친화적인 제품을 전달하는 브랜드, 그것을 지지하는 섬유회사의 존재가 힘을 합침으로써 푸드텍스타일이 성공한 것이다.

이것은 천연염색을 산업화하려면 '지속 가능한'이라는 시대적 명제에 응답할 수 있는 기업의 환경친화적 노력, 환경친화적 마케팅에 활용할 수 있는 스토리를 가진 천연염색 원단의 생산과 유통을 지지하는 섬유회사의 존재, 각각의 브랜드에서 천연염색을 활용한 다양한 소비자 접근 전략이 필요하고 이들이 서로 협업해야 한다는 것을 보여주는 사례이다.

곶감을 만들 때 나오는 감껍질 등 과일과 채소 중에는 천연염료로 사용되는 것들이 많다.

7
에티컬패션에서 천연염색의 비중

　에티컬패션에 참여하는 기업이 늘고 있다. 에티컬패션(ethical fashion)을 직역하면 '윤리적·도덕적 패션'이다. 의역하면 '인간과 환경에 친화적인 패션'이다. 구체적으로는 '소재의 선정, 생산, 판매까지 전 과정에서 인간과 지구환경을 배려하여 만들어진 패션'이다.
　에티컬패션이 등장한 배경에는 패스트패션의 유행이 있다. 노동자의 인권과 환경에 대한 배려 없이 생산 원가를 낮추는 데 비중을 둔 패스트패션업체에 대한 여론 악화와 소비자 의식 변화는 에티컬패션의 등장을 촉발했다.
　2013년 방글라데시에서 일어난 '라나플라자 붕괴 사고'는 에티컬패션의 필요성을 보여준 상징적인 사건이다. 이는 4월 24일 방글라데시 수도 다카에서 북서쪽으로 약 20킬로미터 떨어진 사바(Savar)의 8층 상업용 건물 라나플라자가 붕괴된 사건이다.

사망자 1,127명, 행방불명자 500명, 부상자 2,500명 이상이 발생한 라나플라자에는 은행이나 상점이 여럿 있었으나 희생자는 대부분 망고(Mango), 마타랜(Matalan), 베네통(Benetton) 등 27개 패션 브랜드 의류 공장에서 일하던 젊은 여성들이었다.

패션 역사상 최악의 사고였던 '라나플라자 붕괴 사고' 원인은 지역 유력자의 내진성을 무시한 불법 증축, 허술한 안전 관리였다. 게다가 사고 전날 건물에서 균열이 발견되었으나 건물주는 안전하다고 했으며, 공장주들은 노동자들에게 일하지 않으면 해고하겠다고 했다. 의류 공장은 전형적인 스웨트숍(Sweatshop, 착취공장)이었음이 밝혀졌다. 글로벌 패션 브랜드들이 노동자를 저임금과 열악한 환경에서 일을 시켰고, 노동조합의 결성도 허용되지 않았다.

'라나플라자 붕괴 사고'의 실상이 밝혀지면서 윤리적 패션에 대한 사회적 관심이 높아졌고, 패스트패션업체뿐만 아니라 유명 패션 브랜드도 에티컬패션의 추구에 동참하고 있다.

에티컬패션의 구체적인 내용에 대해 에티컬패션 단체인 '에티컬패션 일본(Ethical Fashion Japan)'에서는 ① 공정무역(부당한 노동과 착취 제거), ② 오거닉(유기농으로 생산된 소재 사용), ③ 업사이클링과 리사이클(버려지는 것을 활용해 더 좋은 것을 만드는 것과 재활용), ④ 지속 가능한 소재(천연소재, 재생 화학섬유 등), ⑤ 장인(천연염색 등 전통 기술의 도입과 활용), ⑥ 동물 친화적(동물 실험을 하지 않는 등 동물복지 실행), ⑦ 라이프 사이클 각 단계에서의 낭비 감소와 NPO·NGO 단체에 기부 등의 내용을 제안했다.

이 내용을 기준 삼아 미국, 유럽, 일본의 에티컬패션 브랜드 30개 업체를 대상으로 특징을 분석한 결과 지속 가능한(Sustainable)은 27개 업체로 90.0%, 공정무역은 18개 업체로 60%, 유기농은 16개 업체로 53.3%, 업사이클링, 동물복지 및 천연염색은 각각 4개 업체로 13.3%였다.

지속 가능한 패션은 에티컬패션과 개념상 차이는 다소 있지만 대부분 겹치는 것으로 나타났으며, 천연염색은 지속 가능한 패션 및 업사이클링, 리사이클 등과 대치되는 측면이 있었다. 즉, 지속 가능한, 업사이클링 등을 내세우는 업체에서 비중을 두는 것들은 천연염색을 적용하기가 쉽지 않은 페트병 등 플라스틱을 수거해서 만든 재생섬유, 폐기되는 합성섬유의 재활용 등이다.

에티컬패션 브랜드로 분류되는 업체 중에는 제품의 소재 선택, 생산 과정, 판매에서의 윤리적인 부분뿐만 아니라 아프리카 빈곤 지역의 소수 생산자 지원(Vivienne Westwood, 영국), 아동보호 단체 및 수목 식재 단체에 기부(Stella McCartney, 영국), 환경기금 조성(Patagonia, 미국), 기후 변동 대책 추진(NIKE, 미국), 면화 생산지 지원과 빈곤 지역의 초등학교 설립(no nasties, 인도), 장애 아티스트 지원(PLAYFUL, 일본), 지구환경과 야생동물 보호 활동(Equaland-Trust and Intimate, 일본) 등 사회공헌에도 비중을 두고 있었다.

천연염색을 적용하는 업체는 주로 중소 규모 업체이며, 대형 브랜드에서는 이벤트 상품, 즉 홍보용 정도로만 활용해 에티컬패션에서 천연염색의 비중은 매우 낮은 수준이었다. 그 배경에는 높은 합성섬유 비중, 천연염색 상품의 대량 생산과 대량 유통에 대한 노하우 부족, 합성염료를 이용한 염색 대비 천연염료 추출에서 염색까지 물 사용량과 탄소 배출량의 확실한 우위성 부족 등 여러 가지 이유가 있었다.

따라서 천연염색의 확산에 따른 환경보호에 기여하려면 견뢰도 향상뿐만 아니라 천연소재 직물의 사용 확산, 탄소 배출량을 최소화하기 위한 염료 제조와 염색법 개발 등 지속 가능한 측면에서의 노력이라는 과제를 안고 있다.

8
지속 가능한 패션과 천연염색의 관계

매년 4월 22일은 '지구의 날'이다. '지구의 날'이 다가오면 많은 섬유패션 브랜드에서 천연염색 제품을 출시하며 이미지 쇄신을 해왔다. 2021년도 예외는 아니어서 H&M, 리바이스 등 유명 브랜드에서 천연염색 제품을 출시해 홍보했다.

대형 패션업체들이 천연염색 등 친환경 제품을 한정판으로 출시하고 적극적으로 홍보하는 까닭은 지속 가능한 패션이라는 시대적·사회적 압력을 받고 있기 때문이다. '지속 가능한'은 장기적으로 자연을 손상하거나 천연자원을 고갈시키지 않고 지속될 수 있는 것을 의미한다.

섬유패션업체들이 '지속 가능한'에 민감한 이유는 섬유패션산업이 '지속 가능한'을 위협하는 주범이라는 많은 보고서와 무관하지 않다. 다국적 컨설팅전문업체 맥킨지앤드컴퍼니(McKinsey&Company)와 영국 패션 전문지 BOF(The Business of Fashion)의 '2020년 패션산업 동향'에는 "섬유패션산업이 온실가스의 6%, 살충제 사용의 10~20%, 제조 시 습식 염색은 수질오염의 20%, 바다에 방출되는 마이크로플라스틱의 25~35%를 차지한다"라고 되어 있다.

기후사업재단(ClimateWorks Foundation)과 세계적인 환경평가 수행 기관인 콴티스(Quantis International)의 보고서에서도 2018년 기준으로 "세계 의류와 신발 산업은 모두 세계 온실가스 배출량의 8%를 차지하는 것으로 추정된다"라고 했다. 유럽연합 의회조사기구(EPRS, European Parliamentary Research Service)에서 펴낸 섬유패션산업이 환경에 미치는 영향에 관한 보고서에서는 "유럽의 의류산업 소비활동이 환경에 미치는 영향은 전체의 2~10%를 차지한다"라고 했다.

의류의 1인당 소비 증가와 폐기도 지속 가능한 측면에서 문제가 되고 있다. 국제 환경보호단체 그린피스(Greenpeace)의 보고서 'Time Out For Fast Fashion'에 따르면, 2000년 패스트패션이 출현한 이후 사람들은 옷을 두 배 더 구입하고, 이전의 절반 기간만 입다가 버린다고 한다. 취리히대학교 도로테 바우만 파울리(Dorothée Baumann-Pauly) 교수는 〈인권경영(Business and Human Rights)〉에서 "의류 폐기는 세계적인 문제로 버려지는 옷의 5분의 4는 폐기되는데, 이 중 57%는 매립되며, 나머지는 대부분 소각되는 것으로 추정된다"라고 했다.

섬유패션업계는 이처럼 환경오염의 주범으로 눈총을 받자 2018년 12월 폴란드 카토비체에서 열린 유엔 기후변화 당사국총회(COP24)에서 제정된 '기후변화 대응을 위한 패션산업 헌장(Fashion Industry Charter for Climate Action)'에 H&M, 인디텍스, 타겟, 아디다스, 버버리, 휴고, 보스 등 총 43개 업체가 참여했다. 목표는 2030년까지 총 온실가스 배출량 30% 감축, 2050년까지 온실가스 순수 배출량 제로(0)를 만드는 것이다.

2019년 8월 G7 정상회담에서 섬유패션기업들이 발표한 '패션 서약(The Fashion Pact)'에도 아르마니, 까르푸, 샤넬, 인디텍스 팬그룹, H&M, 나이키, 푸마, 프라다 등 많은 패션기업이 참여해 지구 온난화 방지, 생물 다양성 복원, 해양 보호 3개 분야의 환경 목표를 달성하기 위해 노력하고 있다.

이제 '지속 가능성'에 대한 립서비스가 통용되지 않게 되자 세계 패션업계에서는 지속 가능한 측면에서 문제가 되는 온실가스, 유해화학물질과 살충제 사용, 수질오염, 마이크로플라스틱, 과잉생산과 폐기 문제 등을 개선하기 위해 실질적으로 나서고 있다.

현재 '지속 가능한 패션'을 내세우는 패션업체들의 실천내용은 저탄소, 유기농과 생분해 소재 사용, 염색 시 욕비 최소화, 천연소재 사용, 재고와 폐기물 재활용, 재생섬유 활용 등

탄소발자국이 적은 천연염색은 지속 가능한 패션을 구성하는 요소이다.

이다. 이와 관련해서 천연염색은 유해화학물질, 수질오염, 마이크로플라스틱, 저탄소와 관계가 깊다.

천연염색에 사용되는 염료는 천연물질로 유해화학물질 사용에 따른 폐해와 수질오염 방지에 도움이 된다. 천연염색은 주로 천연소재에 염색됨에 따라 근본적으로 마이크로플라스틱을 발생시키는 재질을 사용하기 어렵다. 천연염색 중 감물염색과 전통적인 쪽염색은 가열염색을 하지 않으므로 저탄소와 관련이 있다.

결국 천연염색은 지속 가능한 패션을 구성하는 요소가 된다. 많은 패션기업이 특정한 날에만 보여주기가 아니라 진정으로 지구를 지키기 위해 천연염색에서 '지속 가능한 패션'에 대한 답을 찾았으면 한다.

9
환경을 지키는 천연염색, 소비자에게 달렸다

패션은 사람들을 아름답고 자신감 있게 만들어주는 산업이다. 하지만 겉모습은 그런데 생산 과정은 자연환경과 건강을 지속적으로 해치고 있다. 섬유패션 생산에서 현재와 같은 시스템이 계속된다면 지구환경과 인류는 더 많은 상처를 받을 것이다. 패션은 그만한 희생을 감수할 만큼 가치가 있는 것일까 하는 의문이 점점 더 많이 제기되고 있다.

섬유 염색에는 대부분 합성염료가 사용되는데, 이에 따른 환경 폐해는 심각하다. 섬유 염색과 후처리에는 세계에서 가장 많은 화학물질이 사용되며, 산업 폐수 오염의 17~20%를 차지한다.

물로 방출되는 염료의 40%에는 발암성 유기염소가 포함되어 있어 환경을 심각하게 훼손하고 질병을 유발한다. 방출된 화학물질은 공기 중으로 휘발되어 사람이 흡입하거나 피부를 통해 흡수되면 알레르기 반응을 일으키고 어린이와 태아에게 해를 끼친다.

석유산업에 이어 세계에서 두 번째로 오염이 심한 섬유패션산업이 현재와 같은 비즈니스 모델을 지속한다면 지구와 인간은 물론 후손들의 건강도 장담할 수 없다. 따라서 의류 원료, 제조 공정, 가공, 사용, 폐기에 이르기까지 환경오염을 최소화하기 위해 최선을 다하고, 자연과 인간의 공존을 꾀하며 지속 가능한 개발로 나가야 한다.

섬유패션산업의 지속 가능한 발전에서 빼놓을 수 없는 것이 천연염색이다. 다수의 연구 결과에 따르면 천연염색은 패션 섬유산업에서 큰 문제가 되는 독성 화학물질의 방출과 수질오염을 방지하거나 크게 개선하는 것으로 나타났다.

천연염색은 자연환경을 계속 아름답게 하고, 인간의 몸과 마음을 건강하게 하여 모든 것이 조화롭게 공존하게 하는 데 도움이 많이 됨에도 잘 도입되지 않고 있는데, 그 이유는 비용 때문이다.

천연염색은 화학염색보다 비용이 많이 든다. 제조 과정에서 손실이 많이 발생하고, 기술적 위험이 커서 이윤을 추구하는 기업 차원에서는 망설일 수밖에 없다. 그런데도 타이완의 섬유기업 휘맹국제고빈유한공사(輝盟國際股份有限公司)의 브랜드 중 하나인 'FREE'에서는 지구와 건강을 생각하는 소비자들을 믿고 2014년 천연염색 의류를 출시했다.

규모가 크고 40년 이상 백화점 의류업계에서 호평을 받아온 'FREE'로서는 큰 모험이었으나 결과는 나쁘지 않았다. 천연염색 의류를 처음 출시한 2014년에는 천연염색 의류가 전체 매출액의 10%를 차지했다. 2017년에는 15%, 2018년에는 30%, 2019년에는 40% 이상으로 증가했다. 'FREE'에서는 천연염색 의류에서 발생하는 이익 일부를 환경단체 등에 기부하고 있다.

'FREE'에서는 현재 천연염색 의류의 비중을 더 늘리고 있다. 그 이면에 생태환경과 건강을 지키기 위해서라면 더 높은 비용을 지불하더라도 천연염색 의류를 구입하겠다는 타이완 소비자들이 있기 때문이다.

천연염색은 자연환경과 인간에게 유익한 패션산업이다.

우리나라에서도 합성염료 사용에 따른 환경 폐해를 줄이기 위한 천연염색이 성장하려면 소비자의 인식이 개선되어야 한다. 천연염색업계뿐만 아니라 천연염색 제품을 출시하는 업체에서도 천연염색의 성장은 소비자에게 달려 있다는 점을 잊지 말고, 합성염료 사용에 따른 환경 폐해와 천연염색의 친환경적 효과를 적극적으로 알렸으면 한다.

셋째 마당

천연염색 경쟁력의 시발점
천연염료

1
천연염색 각축시대, 천연염료 선점 시급하다

 세계 천연염색 시장이 꿈틀거리고 있다. 아이들의 체험, 주부들의 취미생활 정도로만 생각했던 천연염색이 산업화해 거대한 섬유패션시장을 점령할 채비를 하고 있다. (주)신원이사베이에서 여름 상품으로 출시한 천연염색 여성복은 소비자들로부터 큰 반향을 얻었다.

 (주)비전랜드(현 (주)네스프)는 2020년 천연염색 원단을 호주, 이탈리아 등지로 수출했고, 2021년에도 좋은 성과를 거두었다. 2010년 설립된 일본의 천연염색 패션 전문업체 (주)마이토디자인워크는 창업 6년 만에 취급점을 70개 이상 확보하면서 승승장구하고 있다.

일본 (주)마켓리서치센터(Market Research Center Corporation)에서는 〈천연염료의 세계시장 2017(Global Natural Dyes Sales Market Report 2017)〉이라는 글로벌 천연염료 시장 보고서를 발간해 판매하고 있다. 보고서는 영어로 되어 있는데, 천연염료의 세계 시장조사, 염료 유형, 용도·지역별(미국, 중국, 유럽, 일본, 동남아시아, 인도) 판매 분석, 천연염료 제조 회사별 분석(기업개요, 사업개요, 상품개요, 수익, 가격 등), 가격동향, 기업동향, 천연염료산업의 차트분석(국가별 판매량, 수입량, 매출액 등)이 들어 있다. 또 천연염료의 마케팅 전략 및 판매 채널, 유통업체 및 천연염료 시장에 미치는 영향 요인 분석, 세계 천연염색 시장에 대한 예측, 천연염료별 예측 등이 포함되어 있다.

보고서에서는 이 모든 것을 놀랍도록 세세하게 조사하고 분석해놓았다. 주문하면 PDF로 된 보고서 파일을 이메일로 2~3일 안에 보내주는데, 구매 가격은 개인 구매 시 500만 원 정도이며, 회사 차원에서 구입할 때는 1,000만 원 정도다. 내용과 가격 모두 천연염료 시장이 산업화되고 있음을 간접적으로 나타내고 있다.

이처럼 천연염색에 대한 관심이 커지고 시장이 성장하는

데는 크게 세 가지 이유가 있다.

첫째는 합성염료의 인체 및 환경에 대한 문제다. 합성염료는 고대부터 19세기 중반까지 섬유 염색의 주류를 차지했던 천연염색을 밀어내고 저렴함을 내세워 종류를 늘리고 품질을 향상해왔다. 그러나 합성염료는 성분은 물론 염색 과정에서 인체와 환경에 악영향을 미치는 것이 많아 이의 규제와 개선에 대한 내외부의 압력을 거세게 받고 있다.

둘째는 우리나라를 비롯해 인건비가 비싸고 환경규제가 심한 국가의 섬유패션업체들은 자국 시장에서는 저가 생산품과의 경쟁과 제조 환경의 악화에 따른 생산성 저하로 생존을 담보하기 어려운 상황이다. 이를 타개하려면 해외 저가 제품과 차별화된 제품을 생산하고 새로운 시장을 개척하기 위한 국제 비즈니스 모델을 개발해야 하는데, 천연염색이 그에 들어맞는 아이템이 되고 있다.

셋째는 합성염료가 도입된 지 100년이 넘는 동안 합성염료의 장점에 길든 소비자들과 유통업자들의 의식이 조금씩 변하고 있으며, 천연염료의 품질이 좋아지고 염색기법이 발전했다는 점이다. 천연염색은 최근 몇 년 사이에 염료 제조와 염색 방법이 상당히 발전했을 뿐 아니라 천연염색만의 장점을 바탕으로 소비자 접근성을 높여가고 있다.

한편, 천연염색이 미래 전망이 매우 밝고 시장이 확대됨에 따라 천연염료 생산업체가 증가하고 있다. 현재 천연염료는 인도, 파키스탄, 남미 국가에서 저렴하게 생산되는 것과 선진국에서 기술력을 가미해 생산한 고급품으로 양분되어 있는데, 산업적 염색은 품질 또는 생산성 측면에서 만족도가 낮다. 따라서 세계 천연염색 산업을 주도할 천연염료의 개발과 선점이 시급하므로 정부 차원에서는 섬유산업 부활의 일환으로 천연염료의 연구개발을 촉진해야 한다.

국내에서 개발된 천연염료의 주요 표현색

기업에서는 확대되고 있는 세계 천연염색 시장에 대응하고 회사의 지속적 발전을 꾀하기 위해 선도적으로 산업화용 천연염료의 품질을 높여야 한다. 그 시기는 빠를수록 이익이 되고 세계 천연염색업계에 대한 영향력도 극대화될 것이다.

2
천연염료 개발, 융합 연구에서 답을 찾자

천연염색은 어찌 보면 뜨거운 여름날이 제철이다. 감물염색은 햇볕이 강할수록 발색이 잘된다. 생쪽염색은 쪽이 자라는 시기에만 할 수 있는데, 쪽은 꽃이 피기 전에 수확해 염료를 추출해야 한다. 다른 염색도 햇볕이 좋을 때 끝내야 한다. 여름과는 상관없을 것 같은 천연염료 개발업체도 여름 피서는 생각지도 못한다. 천연염색 산업이 세계 경쟁 시대에 본격적으로 돌입했기 때문이다.

천연염색이 산업적으로 대두되면서 첫 번째로 직면한 과제가 염료다. 천연염료를 합성염료와 비교했을 때 상대적으로 문제가 되는 것이 색의 재현성과 견뢰도다. 이 중 색의 재현성은 어느 정도 극복되었으나 일광견뢰도는 아직 과제로 남아 있다. 일광견뢰도를 먼저 해결하는 업체가 천연염색계 판도를 좌지우지할 것이다.

천연염료의 일광견뢰도 향상에 대한 연구는 새로운 염료 탐색(미생물의 유전자 변환을 통한 염료생산 포함), 친환경 고일광성 조제 개발, 염색 방법 개선, 친환경 후처리 물질과 방법 개발 등의 측면에서 이루어지고 있다. 어느 방향이든 그동안 합성염료에 투자했던 만큼 연구가 되지 않았다는 점에서 투자와 연구에 비례해서 성과를 얻을 것으로 기대된다.

투자 대비 효율성과 속도 측면에서 생각하면 개발 방향 못지않게 방법도 중요하다. 현재 천연염색의 일광견뢰도와 관련된 연구가 축적된 분야는 화장품업계다. 광으로부터 피부를 보호해줄 자외선 차단제와 흡수제를 개발하려고 많은 식물을 탐색했고, 축적된 연구 결과는 산업적으로 이용되고 있다.

식물표본과 압화(押花) 분야도 광과 밀접히 관련되어 있다. 꽃과 식물을 말려서 보관·연출하는 이 분야에도 식물체의 변색을 방지하는 노하우가 쌓여 있다. 수만 종에 달하는 식물을 말려 보관하는 과정에서 어떤 식물이 광에 노출되면 변색이 잘되는지, 잘 안 되는지에 대한 정보도 갖고 있다. 압화 전문가들이 작약꽃을 이용할 때 도입종에 비해 광에 노출되어도 색 변화가 적은 토종을 이용하는 것도 경험에 따른 것이다.

흑종호박(Cucurbita ficifolia)도 일광견뢰도를 높이는 물질 탐색에 좋은 소재다. 흑종호박은 1970년대에 오이 대목용으로 도입된 야생호박이다. 흑종호박 표면에는 초록색에 흰색 반점이 있는데, 햇볕에 1~3년간 노출되어도 색이 잘 변하지 않는다. 장기간 햇볕에 노출되어도 색이 변하지 않는다는 것은 일광에 강한 물질이 함유되어 있음을 의미한다. 이 물질을 찾아낸다면 화장품이나 천연염색에 매우 요긴하게 활용할 수 있을 것이다.

천연염료 자원에 대해서도 염료뿐만 아니라 일광견뢰도를 향상할 수 있는 물질을 찾을 때 해외 자원까지 탐색할 필요가 있다. 염료 개발자로서는 직접 탐색하기가 물리적으로 어려워도 문헌 조사나 관계자들과 교류만으로 큰 성과를 낼 수 있다.

뜨거운 여름, 칸막이 안에 있으면 덥고 능률을 올리기 어렵다. 칸막이를 제쳐야 시원하고 능률을 높일 수 있다. 칸막이가 가로막은 좌와 우, 앞과 뒤의 관련 분야와 접점을 찾아야 한다. 그리고 다른 분야에서 축적된 노하우를 천연염료 개발에 끌어들여 융합(融合) 연구를 해야 한다. 그것이 천연염색 산업 분야에서 성공하고, 세계 천연염료의 리더를 차지하는 지름길이다.

다른 분야에서 진전된 연구 결과를 천연염색에 활용할 수 있다.

3
천연염색 비단 향운사의 비화

향운사는 절 이름 같지만 비단의 한 종류다. 이 비단은 아름답고(香), 중국 난징(南京)에서 생산되며(雲), 가느다란 실로 만든 비단(紗)이라는 뜻에서 향운사(香雲紗)라는 이름이 붙었다. 향운사의 유래는 그렇지만 중국이나 홍콩, 타이완 등지에서 말하는 향운사는 최고급 검은색 비단으로 중국 광저우 순더에서 생산되는 것이다.

순더에서 향운사를 생산한 역사는 오래되었다. 중국에서 무형문화재로까지 지정한 향운사를 생산하는 방법은 진흙염색을 하는 것이다. 참마의 일종인 서랑(薯莨)의 착즙액으로 1차 염색한 후 이 천에 진흙을 발라 널어놓는데, 그 기간에 진흙에 들어 있는 철분 성분이 타닌과 반응하여 천 표면이 검게 변한다. 이렇게 생산된 향운사는 중국의 견직물 중 가장 고급 제품으로 평가된다.

향운사는 현재 고급 천연염색 비단으로 수천억 원어치가 생산되어 팔리고 있다. 향운사는 또한 중국 명나라 때(15세기)도 귀중한 비단으로 여겨져 수출까지 했다. 당시 한 필 가격은 은 12냥으로 값이 가장 높은 비단이었다.

향운사는 오늘날에는 대우를 받지만 한때 천덕꾸러기 신세였다. 중국에서 문화대혁명이 일어난 1960년대 이후 향운사는 거의 생산되지 않았고, 고령자들이 어렸을 때 농지기로 받은 것들을 보자기에 감싸서 보관만 하고 있었다.

1980년대 말까지만 해도 이것들이 유출되어 홍콩 귀화(國華)백화점 지하 1층의 포목점이나 야시장 거리(墓街)에서 싸구려 원단이나 값싼 러닝셔츠로 만들어져 팔렸다. 그런데 색깔이 검고 볼품이 없었기 때문에 젊은 사람들은 아예 관심을 보이지 않았고, 나이 든 사람들만 구매했다.

타이완의 유명한 섬유 디자이너는 홍콩 여행 중 이 옷감을 보고 옛날 책에서 본 향운사라는 것을 직감했다. 그래서 향운사를 구입해 타이완에서 의류 브랜드회사를 경영하는 제자에게 디자인 개발을 제의했다. 하지만 젊은 사장은 한쪽은 약간 붉은색이고, 반대쪽은 검정에 가까운 색을 띠는 향운사의 진가를 알지 못했다.

그는 몇 년 후 다시 타이완의 패션 디자이너 소피홍(Sophie Hong, 洪麗芬)에게 향운사를 소개했다. 소피홍은 한눈에 향운사의 진가를 알아보고는 옷을 만들어 전시했다. 많은 사람이 관심을 갖게 되자 소피홍은 유럽, 미국, 일본 등지에서 패션쇼를 하면서 크게 주목을 받았다. 당시 유럽, 미국, 일본 등지의 패션 관계자들은 향운사를 본 적이 없기 때문에 신기하게 여겼고,

타이완에 있는 소피홍의 의류 판매장 안내판

향운사를 사용한 의류가 큰 반향을 일으키면서 소피홍은 국제적으로 유명한 패션 디자이너가 되었다. 향운사 또한 소비가 급증했는데, 중국 본토의 패션 디자이너와 소비자들이 관심을 가지면서 향운사는 당당하게 부활했다.

우리나라에도 향운사에 관심을 가진 패션 디자이너가 있다. 이새FnC 정경아 대표는 향운사를 이용해 천연염색 의류를 만들었는데, 이는 우리나라에서 진흙염색으로 알려진 의류제품으로 그동안 많은 사랑을 받아왔다.

천연염색 향운사는 한때 중국의 나이 든 사람들의 보자기 안에 유물로만 남겨져 있다가 사라질 운명이었다. 그것을 부활시킨 것은 소피홍이라는 디자이너였다. 소피홍은 향운사 부활을 이끌어내는 공을 세웠고, 그 자신 또한 향운사를 통해 국제적으로 유명한 패션 디자이너가 되는 보상을 받았다.

현재 국내외적으로 관심이 커지고 있는 천연염색에는 합성염료로 염색한 것과는 다른 매력이 있다. 하지만 이 매력을 제대로 살려내지 못하는 듯하다. 천연염색에도 향운사의 진가를 알아보고, 이를 세계적인 상품으로 발전시킨 소피홍 같은 패션 디자이너의 참여를 기대한다.

4
감물염색 변화 촉매제로써 진흙염색의 가치

 앞서 얘기했듯이 향운사는 서랑이라는 식물 추출물로 비단을 염색한 후 철분이 많은 진흙을 발라 철 매염을 한 것이다. 1,000년 전 순더 지역 어민들은 타닌이 많은 서랑즙으로 그물을 염색했는데, 서랑즙으로 염색하면 그물이 뻣뻣하고 오랫동안 사용할 수 있었다.
 그물을 염색하는 과정에서 서랑즙이 옷에 묻었고, 서랑즙이 묻은 옷은 작업 과정에서 진흙이 묻자 흑색으로 변하며 윤이 났을 뿐 아니라 입을수록 유연하고 질겨졌다. 그러자 어민들은 그물을 염색할 때 옷도 한꺼번에 염색했고, 이것이 지역의 비단 생산 농가에 급속하게 전해졌다. 힘들게 짠 비단옷

은 오랫동안 입으면 노랗게 변색되고 주름이 생겼는데, 진흙염색으로 그 문제가 해결되었기 때문이다.

1920년대에는 순더에만 향운사 염색 공장이 500개 이상 있었고, 1930년대에는 상하이와 베이징의 상류사회에서도 유행했으며, 중국 남부에서는 최고급 하복(夏服) 원단으로 인기가 있었다. 또한 베트남, 태국, 싱가포르, 말레이시아 등 동남아국가로 수출도 되었다. 하지만 문화대혁명 때 향운사는 거의 불타거나 잊혔다.

1990년대 초 앞서 소개한 타이완 패션디자이너 소피홍이 향운사를 현대적으로 활용하면서 향운사는 세계적으로 주목받게 되었다. 그러자 중국 정부는 2008년 향운사 염색기술을 중국 국가무형문화유산으로 등재하고 행정적으로 지원하고 있다. 포산시에서는 2013년 향운사를 '지리적 표시 상품 향운사'로 등록했다. 향운사는 현재 포산시에서만 수천억 원어치를 생산할 만큼 산업화되었다.

일본 가고시마(鹿兒島) 특산품인 오시마명주(大島紬)도 진흙염색물의 한 종류다. 가고시마 아마미 오시마(奄美大島)에서 생산되는 오시마명주는 일본에서 아주 유명한 고급 견직물의 하나다. 오시마에 자생하는 다정큼나무를 끓인 물로 염색해 건조한 후 철분이 많은 진흙을 묻혀 염색한 것이다. 오시마명주는 독특한 색상과 명주의 특성을 그대로 살린 염색으로 우아하고 가벼우며 내구성도 뛰어나다. 값이 비싼 오시마명주는 많은 일본인이 동경하는 직물이다.

우리나라에서 많이 행해지는 감물염색도 향운사, 오시마명주처럼 타닌 추출물을 이용하는 염색 방법이다. 감물은 향운사나 오시마명주 염색에 사용하는 서랑이나 다정큼나무에 비해 쉽게 구할 수 있고, 고분자화합물인 타닌 함유량도 풍부하다.

하지만 서랑과 다정큼나무 추출물이 비단 염색에 사용되는 데 비해 감물염색은 주로 면직물과 인견 염색에 사용된다. 염색 시기도 향운사는 비단의 품질을 유지하기 위해 한여름을 피하는 데 비해 감물염색은 한여름에 집중적으로 하다 보니 작업 시기가 특정 시기로 한정되어 있다.

향운사나 오시마명주는 타닌이 함유된 물질로 1차 염색한 후 진흙염색을 한다. 이들 직물은 진흙염색을 통해 품질을 고급화하는데, 감물염색은 다른 염료와 복합염색에 대한 의존도가 높다.

각기 장단점이 있지만 품질과 소비자의 다양한 욕구에 적극적으로 대응한다는 측면을 생각할 때 감물염색에도 변화가 필요하다. 그런 점에서 감물염색의 변화 촉매제로 진흙염색의 기술적 가치는 매우 크다고 하겠다.

염료로 사용하기 위해 갈아놓은 미숙감

5
인도네시아 천연염색 바틱에 적색이 없는 이유

바틱(batik)은 방염 효과가 있는 천연 밀랍으로 천에 그림을 그리고 염색한 다음 밀랍을 제거해 문양을 나타내는 납염(蠟染)이다. 납염은 많은 나라에 전통이 있지만 인도네시아처럼 국가를 상징하는 것으로는 발전하지 못했다. 인도네시아에서 바틱은 국가의 상징이자 문화의 정체성 자체다. 바틱이 인도네시아에서 거대한 문화의 산맥을 형성한 데는 크게 두 가지 배경이 있다.

첫째는 역사성이다. 인도네시아에서 바틱은 자바(Java)의 영혼이라고 한다. 자바는 자바원인(原人, Java man)의 뼈가 발견되면서 인류의 발상지 가운데 하나로 알려진 곳이다. 자바에서 바틱은 자생설과 도래설이 있는 가운데 왕궁 문화와 예술로 발달했다. 바틱 문양에는 자바적 가치 원리와 사상이 들어 있으며, 이것이 생명력을 갖고 대를 이어오고 있다.

둘째는 지역성, 종교·종족의 다양성과 정치적 행위가 결부되어 발달했다. 지도에서 인도네시아 국토를 보면 정말 넓다. 그만큼 지역마다 종족과 언어, 종교에 차이가 있다. 그 넓은 국토는 수백 년 동안 외세의 지배를 받다가 1950년 인도네시아공화국이 국제적으로 인정되었다. 인도네시아는 이때부터 자바섬을 넘어 역사상 처음으로 섬 네 곳(자바, 수마트라, 칼리만탄, 술라웨시) 전체를 아우르는 통합국가가 되었다.

초대 대통령 수카르노(Achmed Sukarno)는 바틱을 국가 건설 이념인 '다양성 안에서의 통합', 즉 하나의 인도네시아를 시각적으로 나타내는 중요한 상징으로 삼았다. 이후 대통령들도 마찬가지였다. 바틱 옷을 교복으로 삼았고, 바틱 옷이 정장이 되었으며, 공무원의 근무복이 되었다. 인도네시아 사람들은 바틱 옷을 입어야 했고, 바틱 옷을 입은 사람들은 인도네시아 사람이 되었다.

바틱과 전혀 관련이 없고 고유 복장이 있는 지역 사람들도 바틱 옷을 교복으로 입어야 했다. 그러면서 바틱은 특정 지역과 종교를 넘어 인도네시아 사람을 정신적으로 통일시키는 구심체이자 문화로 발달했다.

인도네시아에서 바틱에 대한 보호와 장려는 진행형이다. 바틱은 2009년 유네스코 인류무형문화유산에 등록된 세계의 유산이다. 인도네시아에서 바틱 업체는 2019년 기준 약 4만 7,000개가 조업 중이며 20만여 명이 일하고 있다. 이들 업체는 대부분 합성염료를 이용하나 천연염료를 이용하는 업체도 적지 않다.

인도네시아의 천연염색 바틱은 역사성이 있고 예술성과 기술이 뛰어나지만 견뢰도 등 문제점도 많다. 특히 적색은 소목, 홍화 등이 생산되지만 견뢰도 때문에 많이 사용되지 않으며, 전통적으로 적색염료 사용문화가 없다.

유네스코에서는 이 문제점을 개선하려고 2018년부터 '풀뿌리 혁명-바틱 천연염색 개선' 프로젝트를 진행했다. 그 프로젝트의 일환으로 초청을 받은 필자는 인도네시아의 천연염색 바틱 현장을 방문해서 문제점을 조사했다. 그리고 다시 인도네시아를 방문해서 천연염색 바틱계 주요 인사 30여 명을 대상으로 문제점 개선 방안을 제시하고 실습을 했다.

　당시 1차 조사에서 크게 부각된 것은 견뢰도보다 적색염색이었다. 기술개선을 도우려고 방문했지만 견뢰도와 다른 기술적인 부분에는 전통을 자랑삼아 일종의 우월감이 있었으며, 적색 염색기술만 있으면 더 바랄 것이 없다는 이들이 많았다. 바틱 관련 국립기관도 마찬가지였다. 그동안 천연염색 바틱에 대해서는 기술개발과 보급을 적극적으로 해왔으므로 큰 문제가 없으며, 적색염료의 개발이 시급하다고 했다.

　현장에서 느낀 점과 견뢰도 테스트 결과를 바탕으로 개선점을 설명하려고 해도 들으려 하지 않은 채 적색염색 이야기만 했다. 그래서 적색염료가 없는 이유는 현재 국제적으로 사용되는 것이 있는데도 그 정보를 활용하지 못하기 때문이라고 했다. 즉, 인터넷만 뒤져도 락, 코치닐 등 다양한 염료가 있으며, 이것을 바틱의 특성에 맞게 적용하면 된다고 사례와 함께 설명했다. 그때부터 문제점을 수용하려는 자세를 보였고, 적색염료뿐만 아니라 감물염색까지 실습하게 되었다.

　천연염색은 인도네시아의 바틱처럼 전통이 오래되었으나 주변 환경은 급변하고 있으며, 관련 정보는 풍부하게 생성되고 유통은 빠르게 갱신되고 있다. 주변으로 눈을 돌려보거나 전문 자료를 찾아보면 정보가 많은데도 이의 수용에 소극적이고, 비전문적인 자료와 정보에 의존하는 사례도 많다.

그러고는 그것이 전부인 것처럼 받아들이며 전문적인 것을 비전문적이라고 몰아세우는 사례도 비일비재하다. 그래서는 발전하지 못한다. 인도네시아 바틱에 적색이 없었던 것과 같은 잘못을 범하지 않으려면 시대의 변화를 수용하고, 전문적인 정보를 정확하게 수집하여 적극적으로 활용해야 한다.

인도네시아의 천연염색 바틱에는 적색염료에 대한 정보가 부족해 적색염색이 거의 사용되지 않았다.

6
모베인의 비극, 떠오르는 미생물 염료와 천연염색

모베인(mauveine)은 영국의 퍼킨(W. H. Perkin, 1838~1907)이 발견한 인류 최초의 합성염료다. 퍼킨은 18세 때인 1856년 말라리아 치료약 개발차 퀴닌의 화학적 합성을 시도하다가 실수로 천을 보라색으로 염색하는 염료를 개발했다. 그는 이를 계기로 다른 합성염료를 계속 만들었다.

퍼킨이 서막을 연 합성염료는 수천 년 동안 사용되어온 천연염료를 밀어내고 섬유패션산업에 혁명을 일으키며 새로운 시대를 열었다. 그러나 합성염료로 인간과 동물, 지구환경이 병들기 시작했다. 오늘날 염색산업에서는 8,000개 이상의 화학물질을 사용한다. 염색 과정에서는 해마다 올림픽 규모 수

영장 200만 개에 해당하는 분량의 물을 소비하는데, 이는 산업 수질오염의 20% 정도를 차지한다.

물은 우리 생활과 밀접히 관련되어 있다. 그런데도 중국에는 "강물 색깔로 이번 시즌에 유행할 패션의 색을 알 수 있다"는 농담이 있을 정도로 세계 각지에서 독성 합성염료를 사용하지만 이에 대한 규제는 느슨해서 수질의 미래를 불투명하게 하고 있다.

위기감을 느낀 유럽과 미국에서는 섬유 염료 사용 기준을 점점 더 엄격하게 적용하고 합성염료를 대체할 미생물 기반 염료의 연구와 실용화를 진행하고 있다. 동식물에서 추출한 전통적인 천연염료 또한 독성이 없고 환경에 덜 해로운데도 미생물 기반 염료의 생산에 공을 들이는 이유는 전통적인 천연염료는 소모적이고 노동집약적이며 대량 생산이 불가능하기 때문이다.

이에 미생물 염료에 관한 기술이 상당히 진척되면서 이것이 합성염료의 대안으로 떠오르고 있다. 가장 앞선 기업으로 평가받는 곳은 영국 생명공학 스타트업기업 컬러리픽스(Colorifix)다. 컬러리픽스에서는 아름다운 새와 나비 같은 유기체의 색을 만드는 유전자를 박테리아 세포에 삽입해 25분마다 복제하게 했다. 박테리아는 발효조에서 맥주를 만들듯 설탕, 당밀, 질소 등을 공급받으면서 빠르게 증식해 많은 색소를 만든다.

컬러리픽스는 2021년 5월 현재 23가지 색상의 색소를 각각 개발했고, 2018년부터 투자받은 H&M의 2021 봄여름 신상품에 이 색소와 염색기술을 선보였다. 컬러리픽스의 미생물 염료를 이용한 염색은 직물에 박테리아를 배치해 색상을 지정한 후 가열하는 방식이다. 그러면 미생물의 막이 파열되면서 색이 방출되어 섬유에 화학적으로 부착되고, 박테리아 잔여물을 씻어내면 색만 남게 된다.

컬러리픽스에서 개발한 박테리아 염료는 수송에 따른 탄소발자국 줄이기에도 탁월하다. 염색 공장에 색상 5그램으로 채워진 박테리아를 보내면 염색 공장에서는 이를 번식해 10일 후에는 하루에 염료를 50톤 생산하게 된다. 미생물이어서 국가 간 이동제한 규정, 발효조 설비와 기술습득 등의 장애물이 있으나 염료의 생산에서 공급에 이르기까지 탄소발자국을 줄이는 혁신적 기술로 평가받고 있다.

컬러리픽스 말고도 생명공학을 이용해 미생물 염료를 만든 기업은 많다. 독일과 이스라엘 사람이 공동대표인 독일-이스라엘 기업 알갈리페(Algalife)는 조류를 이용한 섬유개발과 무독성 천연염 염료 상용화에 성공했다. 조류 기반 염료 배합은 100% 생분해성이며 모든 유형의 직물에 적용할 수 있다.

프랑스의 신생 업체 필리바이오(Pili Bio)는 미생물을 이용해서 염료를 생산한다. 필리바이오에서는 아직 시험 단계이나 기존의 염료 제조 방법보다 물은 80% 적게 사용하고, 탄소배출량은 90% 정도가 감소될 거라고 예상했다. 영국에 본사를 둔 파버퓨쳐스(Faber Futures) 또한 미생물 염료를 개발했으며, 네덜란드의 리빙컬러(Living Colour)에서도 미생물 염료 개발에 관여하고 있다.

이밖에 독일의 바스프(BASF), 미국의 사이아노테크(Cyanotech)와 알가테크놀로지(ALGA Technologies), 프랑스의 마이크로피츠(Microphyt), 네덜란드의 페예콘(Feyecon) 등도 미생물 기반 천연색소를 생산하는 유명한 기업이다.

미생물 기반 적용 염료에는 인디고(Indigo), 프로디지오신(Prodigiosin), 멜라닌(Melanin), 비올라세인(Violacein) 등 다양한 천연염료와 염색 보조제가 있으며, 이들은 친환경적인 섬유산업의 새로운 소재로 떠오르고 있다. 이들 미생물 염료는 전통적인 천연염료에서 문제시된 세탁견뢰도, 일광견뢰도, 색의 채도 등 여러 가지 측면에서 상업적인 요구 조건이 충족된 것들이 많다.

다만, 생산 단가가 산업화의 걸림돌이나 이 또한 해결책이 조금씩 제시되고 있다는 점에서 국내에서도 미생물 염료의 개발과 함께 미생물 염료에 의한 천연염색의 적용과 활용에 관심을 가져야 할 때다.

넷째 마당

패션산업에서 복지까지
활용처 많은 천연염색

1
섬유공예의 세계는 넓고 쓰일 곳은 많다

　섬유공예는 섬유를 재료로 하는 창조적 활동과 작품을 가리킨다. 직물, 염색, 자수, 편물 따위가 여기에 속하는 등 그 범위는 매우 넓다. 아마 인류가 탄생했을 때부터 섬유공예는 존재했을 것이다. 섬유공예의 역사는 길고 활용범위는 넓지만 산업혁명 이후 섬유패션산업은 물질적 성과 위주로 흘러왔다. 우리나라에서도 섬유산업은 근대화 과정에서 큰 역할을 했고 국가 경제에 지대한 공을 세웠다. 섬유산업을 배경으로 대기업도 탄생했다. 이렇듯 물질적 성과는 눈부셨지만 다양성과 문화에는 외눈박이가 되었다.

　문화와 복지시대라고 외쳐대나 섬유패션산업에는 우이독

경일 뿐이다. 섬유패션산업 자체를 문화·복지와 연계하면 돈이 안 된다는 생각뿐이다. 그런데 그 흐름에 일침을 놓는 사례들이 증가하고 있으며, 그 선두에는 섬유공예가들이 있다. 섬유공예가 A씨는 프랑스에서 유학하면서 섬유공예를 배웠고, 현지에서 섬유공예로 생활비까지 벌었다. 하지만 국내에서는 섬유공예 수요가 없자 그는 카페를 창업했다. 카페에는 자신의 섬유공예 작품을 장식해두었는데, 그것을 보고 배우고 싶다는 문의가 많아 지금은 섬유공예 카페라는 이색적인 카페로 자리 잡았다.

섬유공예가 B씨는 주민센터에서 어르신들을 대상으로 섬유공예 수업을 하고 있다. 주민센터에 섬유공예 수업을 개설하자고 제안했을 때 주민센터에서는 부정적이었다. 어르신들은 노래나 무용 등 동적인 것을 좋아하지 섬유공예처럼 정적인 것을 좋아하지 않을 거라는 이유에서였다. 그런데 섬유공예반은 인기가 좋아 다른 주민센터에서도 개설 요구가 빗발쳐 수요에 다 대응하지 못하고 있다.

섬유공예가 C씨는 농촌을 다니면서 염색과 바느질을 가르치고 있다. 낮에 일하고 밤에 모인 어르신들에게 바느질을 가르치니 참가자들은 "낮에도 일했는데 밤에도 일한다"고 했다. 게다가 눈도 잘 안 보여 바느질이 불편하다고 불평하면서도 적극적이었다. 어르신들은 평생 일을 즐겁게 해본 것은 처음이라며 열심히 배워 전시회까지 했다.

천연염색 공예가 D씨는 약사 출신이고 E씨와 F씨 등은 교사 출신이다. 이들은 경제적으로 여유가 있으나 퇴직 후 정신적으로 외로웠는데 천연염색이 인생 후반기를 가슴 설레게 해준다며 즐거워했다. G보호작업장에서는 섬유공예를 자폐증 환자 재활에 활용한다.

섬유공예는 이처럼 다양한 현장에서 매우 긍정적으로 활용되면서 수요가 늘고 있다. 특히 생산 자체가 목적이 아닌 치료, 복지, 문화·예술 측면 그리고 다른 업종과 연계되면서 수요가 증가하고 있다.

상황이 이런데도 섬유공예는 관련 교육이나 기관에서조차 지지를 받지 못하고 있다. 타 분야에서는 재빨리 복지나 문화 측면으로 눈을 돌려 인재 양성과 수요를 개척하고 있으나 섬유패션 관련 교육에서는 있는 수요에도 대응하지 못하고 있다.

섬유공예는 정부에서 지원하는 인력양성 지원 프로그램에

서도 외면당하고 있다. 기업에서 요구하는 커리큘럼과 다르고 수료 후 당장 취업이라는 수치로 나타나지 않으며 자리 잡기까지 시간이 걸리기 때문이다.

  지금은 자생적으로 수요가 다양해지면서 늘고 있는 섬유공예에 대해 상황 파악을 하고, 적극적으로 대처해야 할 때다. 수요 확대를 거들면 공급이 늘어나고, 공급이 확대되면 직업이 늘어난다. 직업이 늘어나면 섬유공예를 통한 문화가 충만하고, 문화가 충만하면 그 문화를 향유할 기회가 증가한다. 문화 향유 기회가 증가하면 생활의 질이 높아진다. 결과적으로 직업도, 문화생활 기회도 늘어난다는 점을 잊지 않았으면 한다.

천연염색 섬유공예는 취미, 패션산업, 복지 등 다양한 영역에서 활용하기 쉽다.

2
섬유패션 치유와 복지, 체계적 연구가 많아지길 바란다

요즘 각 분야에서 치유와 복지의 수요가 크게 늘고 있다. 그에 따라 다양한 분야에서 연구, 교육, 활용이 적극적으로 이뤄지고 있다. 치유 분야는 미술치료, 음악치료, 방향요법, 동물매개치료, 원예치료, 웃음치료 등 세분화되고 있으며, 수요에 능동적으로 대응하기 위한 연구와 교육시스템도 신속하게 갖춰지고 있다. 음악치료학회, 미술치료학회, 놀이치료학회 등 관련 학회가 만들어져 연구 결과가 발표되기 시삭한 지 오래되었다.

교육기관도 대학에서는 예술치료학과, 미술치료학과, 음악치료학과, 놀이치료학과 등이 만들어져 학생들을 모집해 교육하며 사설 교육기관도 증가하고 있다. 치료와 관련된 민간 자격증도 많이 만들어져 시험을 실시하고 있다. 치료 관련 교육시장이 커짐에 따라 관련 교재, 재료·인력 수요가 증가하면서 기존의 시장과는 다른 형태의 업종이 나타나 수요와 공급을 늘려가고 있다.

과거에 생산만을 위해 투여된 노동력과 자본은 그 과정이 치료와 복지에 활용됨에 따라 생산이 아닌 치유와 삶의 질 향상이 목적으로 되는 등 업종이 융합되고 1, 2, 3차 산업 간 구분도 불명확해지고 있다.

치유와 복지는 이처럼 다양한 분야에서 재빨리 도입되고 활용되지만 유행을 선도하고 그 중심에 있는 섬유패션 분야에서는 도입에 굼뜬 양상을 보이고 있다. 특히 섬유패션은 사람이 살아가는 데 필수적인 3가지 요소, 즉 의식주 가운데 하나인데도 치유와 복지 측면의 접근은 눈에 띄지 않는다. 그 원인이 어디에 있을까? 섬유패션이 다른 분야보다 치유와 복지 측면에서 활용도가 낮아서일까? 그렇지는 않다.

우리 조상들과 부모 세대는 사랑하는 사람들을 위해 바느질과 뜨개질을 하면서 마음을 다스리고, 성과물에서 완성감을 느끼고, 그것을 선물하면서 기쁨과 보람을 느꼈다.

일상적으로 입는 옷에 따라서도 기분이 좌우되는 섬유패션은 치유·복지와 밀접한 관련이 있다. 구체적으로 섬유패션은 원예치료(염료식물의 종자 파종, 옮기기, 관수·시비, 수확, 육종 등), 동작치료(바느질, 뜨개질, 재봉, 염료 재배, 염료 추출, 염료 옮기기, 손과 발을 이용한 염색, 수분이 함유된 천 옮기기, 건조 등), 놀이치료(황토 등 염료의 수비, 염색, 문양염 만들기, 쪽잎 등을 이용한 도장염), 미술치료(염색, 문양염, 섬유용 크레용을 이용한 그림 그리기 등), 색채치료(염색, 염색 옷과 패션 소품 이용, 염색 천을 이용한 인테리어), 예술치료(염료 만들기, 문양염, 바느질, 작품 제작, 천연염색 작품의 장식)와도 밀접한 관련이 있다.

섬유패션은 색채치료(색을 이용해 질병의 원인을 진단하고 색으로 다양한 질병을 직접 치료하며, 색으로서 치료결과를 평가하는 것까지 동시에 할 수 있는 것) 측면에서도 의미가 크다. 소비자들이 자신에게 필요한 색채의 옷을 찾아 입고 코디함으로써 자신감이 향상되고 이미지가 업그레이드되며, 건강을 찾을 수도 있기 때문이다.

한편, 현재 일부 기관에서는 고령자와 일반인의 생활의 질 향상 측면에서 천연염색 프로그램을 도입해 활용하고 있다. 이것들을 섬유패션 치료와 천연염색 생산에 포함시키는 데

황토염색으로 하는 치유와 놀이 프로그램에 참여한 어린이들

는 무리가 있고, 이미지에서도 치료와 구별된다. 이러한 것들은 건강한 사람들이 더한층 건강하고 장수하기 위해 그리고 삶의 질 향상을 목적으로 활용하는 것이라는 점에서 복지로 보는 것이 가능하다.

　섬유패션 치유와 복지는 이처럼 우리 생활 가까이에 있을 뿐 아니라 수요가 늘고 있다. 그러므로 이 분야에 대한 체계적 연구와 확산은 섬유패션의 연구 분야 확대, 새로운 이미지와 수요 창출, 섬유패션의 역할과 직업 기회의 다양화 등 긍정적 효과를 유발할 것이다.

3
어느 퇴역 군인과 천연염색 공방

최근 천연염색에 진출하는 기업이 늘고 있다. 기업들은 자본과 기술력을 갖추고 '가격은 낮게' '품질은 좋게'라는 이상적인 목표를 앞세워 시장점유율을 높여가고 있다. 기업의 참여가 증가하면서 천연염색에도 통일된 기준의 필요성이 커지고 있다. 동시에 기존의 소규모 공방들은 변화된 환경에 적응하고 생존하기 위한 대책을 마련하고 공방의 새로운 역할을 모색할 필요성이 커지고 있다.

이와 관련해 자료를 수집하고 선도적으로 대응하려고 타이완 서남부 지역의 천연염색 관련 업체에 견학 가서 관계자들을 만났다. 타이완의 천연염색 역사는 비교적 짧고 공방 수는 우리나라보다 적지만 공방의 유형과 역할은 우리보다 더 다양함을 확인했다.

그 사례 하나를 소개하고자 한다. 최근 만난 퇴역 군인과 천연염색 공방 이야기다. 천연염색 공방을 하는 이 사람은 대학 졸업 후 직업군인으로 있다가 52세에 퇴직했다. 군 생활 내내 규율과 명령 속에서 살았고, 엄숙하고 무뚝뚝한 생활 습관이 몸에 배어 퇴직하니 사회에 적응하기 어려웠다.

그는 할 일이 없자 천연염색을 하는 아내가 연수회에 참가하면 운전기사 노릇을 하며 천연염색을 곁눈질했다. 그러다 공방에서 아내 일을 도우며 공방 일을 하게 되었다. 그는 군에서 규율을 따르는 생활만 했는데 천연염색은 창의적인 일이어서 처음에는 적응이 잘 안 되었다. 하지만 어느 순간 규율도, 계급도, 남녀 차별도 없는 천연염색에서 해방감 같은 것을 느꼈다. 또 대학에서 전공한 화학이 천연염색에 적용된다는 사실이 신기하고, 천연염색도 전공과 관련이 있어 전공을 활용한다는 측면에서도 더 적극적으로 하게 되었다.

그는 천연염색을 하면서 사람들을 사귀었을 뿐 아니라 자신이 염색한 천으로 손자들에게 가방 같은 소품을 만들어준다고 자랑했다. 같은 시기에 퇴역한 동료 중에는 여전히 사회에 적응하지 못하는 이들이 있는데 자신은 천연염색을 만나 행운을 누린다며 뿌듯해했다. 최근에는 호기심으로 제직을 시작했는데, 정신이 집중되고 마음 수련을 할 수 있음은 물론 전시회까지 준비하며 계획적인 삶을 사는 것 같아 좋다고 했다.

생활비는 대부분 군인연금으로 충당하는데, 천연염색 제품은 공예품으로 판매량이 많지 않아 돈벌이는 시원치 않지만 돈으로 계산할 수 없는 새로운 삶을 천연염색에서 찾았다고 덧붙였다.

그는 자기 부인이나 남과 잘 어울리지 못하고 말수도 없었는데 천연염색을 배우고 천연염색 강의 등을 하면서 친구들을 사귀었으며, 성격도 바뀌어 지금은 사회생활을 너무 잘하고 있다고 했다. 그러면서 천연염색은 자신과 부인의 노후에 구세주 같은 존재라고 했다.

그는 현재 지역 특산 과수 부산물로 천연염색을 하고 있다. 부인과 함께 특산물로 천연염색을 하는 과정을 동화책으로도 낸 그는 천연염색을 통해 지역 특산물을 알리는 등 지역을 위해 나름대로 기여하는 것이 즐겁다고 했다.

최근 방문한 타이완 공방 중에는 이 퇴역 군인처럼 천연염색을 돈벌이 수단이 아니라 행복한 노후생활, 다문화 가족의 사회화, 전통문화의 전승, 지역문화의 개성화, 지역에 대한 기여 등 여러 가지 목적으로 시작해 보람과 즐거움을 얻는 사람들이 많았다. 타이완 정부나 지방정부에서도 이러한 형태의 공방을 적극적으로 지원했다.

이런 사례는 현재 천연염색에 대한 기업들의 본격적인 참여, 개성 없이 늘어나기만 하는 천연염색 공방 간의 경쟁 과

타이완의 퇴역 군인이 운영하는 천연염색 공방

열, 저렴한 중국산 제품 출현 등 급격한 환경 변화에 당황하고 있는 우리나라 천연염색의 진로와 역할 모색에 참고가 될 것으로 보인다.

 여하튼 천연염색이 국가와 사회라는 큰 틀 속에서 다양한 형태로 확산·기여하며 천연염색 시장이 확대되고, 주체 각각의 역할이 각자 분야에서 커지도록 능동적으로 시장 변화를 이끌어갔으면 한다.

4
카페, 레스토랑도 섬유패션 자원

'먹방'과 '쿡방' 전성시대다. 음식 열풍은 패션업계에도 불고 있다. 뉴욕 유니클로 매장에는 스타벅스가 있다. 쇼핑을 즐기면서 커피를 마시거나 샌드위치를 먹는다. 미국 필라델피아에 본사가 있는 '어반아웃피터스(Urban Outfitters)'의 모회사 어반(Urban)은 피자 체인점 피저리아 베트리(Pizzeria Vetri)와 레스토랑을 인수했다.

미국 서해안에 있는 편집숍 론허먼(Ron Herman)은 일본 주요 지역에 론허먼(RH)카페를 개설했다. 일본에서도 빔즈(Beams), 유나이티드애로우즈(United Arrows), 저널스탠더드(Journal Standard) 등 대형 전문점들이 카페를 운영하고 있다. 이렇듯 유명 패션 브랜드업체의 식음료 사업 전개는 전문적인 카페나 레스토랑 개설 또는 의류매장에 카페 등을 병설하는 형태다.

패션업체에서 개설한 카페나 레스토랑 가운데는 패션 제품을 판매하지 않는 곳도 많다. 이곳들은 브랜드 콘셉트에 맞도록 멋지게 꾸민 공간, 전문 요리사의 맛있는 음식으로 이용자를 늘리면서 브랜드 홍보와 가치 향상에 집중하고 있다. 베이커리, 커피 등을 매개로 고객의 '의, 식, 주' 각 분야에 브랜드가 스며들도록 하고 있다. 기존의 카페와 레스토랑 체인점과 제휴해 고객층을 넓히는 패션기업도 있다.

의류매장에 카페를 병설하는 핵심적 이유는 차별화다. 현재 인터넷 쇼핑몰 시장은 커지고 있는 데 비해 차별화 요인은 줄고 있다. 온라인에서는 소비자 반응도 빠르다. 소비자의 반응이 빠르다 보니 고객의 이탈이나 쏠림 현상이 심화되고 있다. 패션기업에서는 이탈고객 관리와 신규고객 확보라는 과제를 안게 되었는데, 그 대책의 하나가 의류를 살 때 카페에서 편안하게 시간을 보내는 여유로움이라는 가치를 제공하는 것이다.

카페 병설 의류매장은 단순히 옷을 판매하는 곳이 아니라

'라이프 스타일을 제안하는 곳'이라는 기능도 한다. 대표적인 것이 최근 증가하고 있는 편집숍이다. 편집숍은 패션 아이템뿐만 아니라 브랜드 콘셉트에 맞는 제품을 취급하면서 라이프 스타일을 제안하고 있다. 카페 병설 의류매장에서는 옷을 구입하는 길에 카페에서 쉴 수 있다. 카페에서 시간을 보내다가 옷을 구입할 수도 있어 시너지 효과를 기대할 수 있다. 매장 접근성을 높일 수 있는 것도 장점이다.

신상품이 궁금하지만 의류매장 방문을 망설이는 사람들에게 카페는 문턱을 낮추는 역할을 한다. 카페가 있다면 부담 없이 방문했다가 마음에 드는 옷이 있으면 구매할 수 있기 때문이다. 이는 안테나숍 역할도 하게 된다. 카페 덕에 매장에 머무는 시간이 길어지면 브랜드나 의류매장에 대한 친근감이 증가한다. 전문적인 의류매장에서는 마음대로 사진을 찍어 SNS에 올리기가 쉽지 않다.

하지만 카페가 있다면 비교적 자유롭게 사진을 찍을 수 있고, SNS에 올릴 수도 있으므로 홍보 효과 또한 크다. 카페를 섬유공예 교육 장소로 활용할 수 있는 이점도 있다.

의류매장 병설 카페는 이처럼 다른 브랜드와 차별화하고 고객을 끌어들이는 데도 효과적이다. 섬유패션업계에서 카페, 레스토랑을 활용하면 이처럼 장점이 많지만 그동안 다른 업종으로 생각해온 식음료 분야에 진출하기는 쉽지 않을 것이다.

소규모 의류매장 또한 카페 병설에는 자금, 기술, 경영이라는 장애물이 있다. 그런데도 현재 많은 패션 브랜드가 음식업계 진출을 서두르고 있다. 이미 자리 잡은 패션 브랜드도 지속 가능한 생존을 하려면 시대와 함께 비즈니스 모델에 변화를 주지 않으면 안 되기 때문이다. 그런 점에서 섬유패션업계와 학계는 카페, 레스토랑도 섬유패션 자원에 포함시켜 효과적으로 활용하는 다각적인 접근과 노력이 필요하다.

카페 벽면에 장식된 천연염색 작품

5
잰걸음 시작한 반려동물 패션산업과 천연염색

　반려동물 시장이 급속하게 커지고 있다. 2020년 우리나라 반려동물 시장 규모는 1조 4,300억 원에 달했으며, 2027년에는 6조 원에 이를 것이라고 한다. 일본의 반려동물 산업 규모는 우리나라보다 더 커서 15조 원이 넘으며, 내용별로는 반려동물 먹이 시장이 약 30%, 용품이 15~20%, 동물의료가 15%, 반려동물 판매, 반려동물 돌보기, 동물보험 등이 35~40%를 차지하고 있다. 이 중 반려동물 의류시장은 빠르게 커지고 있다.

　현재 일본 가정에서 애완용으로 키우는 고양이는 약 2,000만 마리로 15세 이하 사람보다 많다. 애완견까지 포함하면 그 수는 엄청나다. 이들 반려동물에게 옷을 입히는 비율은 50% 정도인데, 이는 점점 증가하는 추세다.

반려동물에게 옷을 입히는 이유는 다양하다. 실내에서나 외출할 때 털이 빠지는 것을 줄이거나 공공장소에서 탈모 방지 매너, 털을 깎은 후나 털이 적은 반려동물의 보온효과, 건성 피부와 민감성 피부에 직접 닿는 에어컨 바람을 피할 목적, 산책 중 자외선과 모기, 벌, 애벌레 등 해충으로부터 몸을 보호하는 목적, 알레르기 피부 염증이나 수술 후 상처의 보호와 치료 효과를 높이려는 실용적 목적 등의 이유가 있다.

이밖에 반려동물에게 멋진 옷을 입히고 반려동물과 함께 보내는 시간을 즐기며, 반려동물의 옷으로 다른 사람들에게 주목받고 싶거나 스킨십, 주인 취향이 반영되는 목적도 있다. 반려동물에게 다양한 이유로 옷을 입히는 것만큼 옷 소재도 방충, 항균탈취, 냉감, 열차단, 흡습·발열 등 다양하며 반려동물당 옷의 개수도 늘고 있다.

일본에서는 이처럼 반려동물의 수가 학생 수보다 많고 반려동물당 옷의 수가 학생당 교복 수보다 많다 보니 교복업체들이 반려동물 의류사업에 뛰어들고 있다. 대표적인 곳이 일본 오카야마시(岡山市)에 있는 교복 전문업체 '톰보우(Tombow)'다.

이 회사는 1876년 창업한 학생복·체육복 전문업체다. 베이비붐 시대를 배경으로 크게 성장했으며, 유명 디자이너와 제휴 추진 등 일본 교복업계를 이끌어왔다. 하지만 출산율 저하와 함께 학생복 시장이 축소되자 새로운 분야로 진출을 모색했다. 그러던 중 1조 원 정도 되는 학생복 시장보다 큰 반려동물 의류시장에 주목했다. 톰보우는 현재 학생복 디자인, 제조·유통 노하우를 반려동물 의류사업에 활용하고 있다.

일본에서는 톰보우처럼 반려동물 의류시장에 눈독을 들이고 투자를 늘리는 기업체가 늘고 있다. 현재 일본에서 반려동물 수 증가 속도는 어느 정도 둔화되었지만 초고령화 사회에서 반려동물의 존재 비중이 커지고 있으며 반려동물당 의류 증가, 기존 유럽시장 외에 중국에서도 반려동물 시장이 규모화되는 것을 기회로 여기기 때문이다.

우리나라에서도 반려동물 시장은 빠르게 성장하고 있으며, 이에 맞춰 반려동물용 의류가 다양하게 출시되고 있다. 하지만 모든 것이 사람에게 맞춰져 있고 반려동물 의류 패턴, 재료, 관련 교육 등에 대한 인프라와 대응이 너무 부족하다.

　가족의 일원이 된 반려동물의 옷을 직접 만들어주기 위해 반려동물 옷 만드는 방법을 배우고 싶어도 가르쳐주는 곳이 없으며, 관련 자료가 적고 소재와 재료 구입처도 마땅치 않은 게 현실이다.

　특히 원단 염색에서 디자인, 바느질에 이르기까지 자가 가공 비율이 높은 천연염색 분야는 반려동물 의류의 자가제작(DIY) 시장에 대한 접근성이 높은데도 시대 변화에 대응하지 못하고 있다.

　반려동물의 옷을 만들기 위한 천연염색, 패턴과 바느질 교육 수요에 대한 대응과 신수요 개척은 시대적 흐름이다. 이 흐름에 선제적으로 대응하지 못하면 생존도 담보하기 어렵다는 것은 지나온 세월이 증명한다.

　변화의 시대에는 변화야말로 새로운 가치를 낳고, 이것이 성장과 실적을 이끌어낼 수 있다. 그런 점에서 섬유패션산업과 천연염색업계는 세계적으로 규모화되고 있는 반려동물시장을 그저 바라만 보고 있어서는 안 된다.

6
섬유패션 축제 이벤트, 지역 재발견과 활용 아쉽다

해마다 10월은 축제와 이벤트가 가장 풍성한 달이다. 지역 곳곳에서 열리는 축제와 이벤트로 가을이 더욱 풍성해진다. 하지만 그 뒷자리는 낙엽처럼 쓸쓸하게 느껴진다. 이벤트 형식이나 내용이 조금 더 변화되고 보완되었다면 비용 대비 큰 효과를 거두고 장기적 발전에도 도움이 되었을 텐데 하는 생각이 들기 때문이다.

깊어가는 가을과 함께 섬유패션 축제와 이벤트도 곳곳에서 열리지만 자세히 살펴보면 상당수 행사가 사람을 동원하기 위한 구색 맞추기와 보여주기식 프로그램으로 꾸며진다.

이벤트가 끝난 뒤 주최·주관사들은 하나같이 성공적이었

다고 하는데, 사람 동원 외에 무엇이 성공했는지 알 수 없는 행사들이 많다. 섬유패션업체의 특성을 파악하고 이를 이용하거나 지역을 재발견하여 이벤트와 연계한 것도 거의 없다.

반면 최근 지역을 재발견한 다음 이벤트와 연계한 결과 지역과 업체 발전에 도움이 된 사례가 늘고 있다. 시대가 변화함에 따라 섬유패션산업도 재발견과 활용의 필요성이 커지고 있는 지금 지역의 특성을 재발견해 이벤트와 연계한 몇 가지 사례에서 반짝반짝 빛나는 아이디어를 얻기 바란다.

제주도는 누구나가 알듯이 감물염색의 역사와 전통이 오래되었다. 지금도 그 전통과 문화를 계승하려고 노력하는 천연염색 공방이 40여 곳 있다. 연간 방문객이 1,400만 명이 넘는 국내 최대 관광지이기도 하다. 하지만 감물염색 공방과 지역에서는 이 자원을 효과적으로 활용하지 못하고 있다.

제주도는 관광지 중심으로 동선이 만들어져 있다. 중국인 관광객이 늘면서 주도로나 관광지는 비좁을 정도이고, 관광 서비스의 질도 떨어짐을 느낄 수 있다. 관광지 위주로 동선이 만들어짐에 따라 몇 번 방문하다 보면 새로움이 없다. 관광 동선에서 벗어난 지역의 공방들과 제주도민들은 관광객이 많다고는 하나 특별한 혜택을 보지 못하고 있다.

　이러한 문제점을 장점화하기 위해 1년에 며칠만이라도 흩어져 있는 천연염색 공방을 동선으로 연결해보는 이벤트를 해보면 어떨까 싶다. 동선은 공방만 연결해도 좋고 공방과 인근 관광지 또는 농가와 연계 등 다양화할 수 있다. 새롭게 만들어진 동선을 따라 움직이면 기존의 익숙한 곳들에서 벗어나 새로운 제주도를 만날 수 있다.

　이벤트 기간에 공방에서는 자신만의 천연염색 전시회를 하면서 자신과 공방을 알릴 수 있다. 1년간 만든 제품을 전시 판매하면서 소비자들 의견을 상품에 반영할 수도 있다. 방문객들에게 무료로 차를 대접하거나 제주도 전통 음식을 맛보는 경험을 제공하며 제주도를 홍보하는 것도 가능하다.

　공방이나 이웃집에서 생산한 유기농 제품이나 특산물을 진열해놓고 판매해도 된다. 이러한 이벤트는 공방과 방문객 간에 인간적 교류의 장을 만들어준다. 일상으로 돌아간 방문객들은 구면이 된 공방에 천연염색 제품뿐만 아니라 감귤 등 농산물을 주문하는 단계로 발전할 수 있다.

　결과적으로 방문객들은 공방 동선을 통해 제주도의 새로운 모습을 만나고 새로운 친구를 사귀게 된다. 제주도 공방에서는 신규 고객을 확보하고 소득을 다양화할 수 있다. 천연염색 공방에서 시작한 것이 점차 다른 상품 판매로 확대되어 지역을 발전시키는 동력이 될 수 있다.

전남 화순군에는 타월공장이 22개 있다. 우리나라 타월 매출액의 25% 내외를 차지하는 지역이지만 이곳에서 타월이 생산된다는 사실을 아는 사람들은 많지 않다. 심지어 화순에서 사는 사람들도 화순에 타월공장이 충청지역 다음으로 많다는 사실을 잘 모를 정도다. 타월공장에서 생산된 타월은 주로 중간 유통업자를 거쳐 유통되기 때문에 일반인과 교류도 거의 없다.

정보 교류나 발신이 없으므로 서로 모르고 당연히 관심도 없다. 하지만 화순의 타월공장처럼 시골에 있는 일본 에히메현 이마바리시 타월공장들은 업체들이 공동으로 정보를 발신하고, 일반인과 적극적으로 소통하면서 많은 매출을 올리고 있다. 소비자들의 접근성을 높이기 위해 이마바리라는 지역명을 공동 브랜드로 사용한다.

브랜드를 관리하기 위해 끊임없이 기술을 개발하고 품질

을 점검한다. 1년에 2회 정도는 타월페어를 열어 재고 등 상품을 할인 판매한다. 타월페어에는 매회 수만 명이 방문하며, 방문객 수는 타월 판매로 이어지면서 인지도 향상에 기여하고 있다.

화순군에는 공동으로 이벤트를 추진할 수 있는 업체가 22개 있고, 인근에 147만 명이 거주하는 광주라는 자원이 있으나 이 자원을 재발견·활용하지 못하고 있다.

방학과 휴가철이 겹치는 여름에 청도군을 방문하면 복숭아와 감물염색 천으로 가득하다. 천연염색 공방에서는 감물염색 및 발색을 시키는 천들의 아름다움이 더위를 잊게 할 정도다. 그 아름다운 풍경은 구경하고 사진 찍기에 좋으며, 천연염색 제품의 구매를 자극한다.

이 공방, 저 공방을 다니다 보면 탐스러운 복숭아를 안 사고 배길 수 없다. 공방을 오가는 곳곳에는 아름다운 카페와 먹거리, 체험장도 많아 아이들이나 어른들 모두 따분할 시간이 없다.

이렇게 매력적인 청도의 공방을 아는 사람들은 많지 않다. 감물 관련 축제나 이벤트가 있으나 가을에 개최하며, 공방을 느낄 수 있는 여름철 이벤트가 없고 공방에 대한 정보도 없기 때문이다. 각각의 공방 특성과 주변 관광지, 음식점 등을 연결한 지도나 정보를 제공하고, 이벤트를 개최한다면 접근성이 향상될 텐데 그렇게 하지 못하고 있다. 그 결과 많은 자산이 사장되고 있으며, 찾아오는 사람에게 팔아도 될 복숭아와 감물염색 제품을 품 팔아가며 밖으로 나가 팔고 있다.

이와 같이 지역이나 업체들에는 각자 지나치기 쉬운 고유의 가치나 특성이 있으며, 이는 활용 정도에 따라 가치가 향상된다. 그러므로 가치를 재발견하고 이벤트 등을 통해 활용할 때 지역의 변화와 업체의 발전을 이끌어낼 수 있다는 사실에 주목하고 대책을 세웠으면 한다.

일본 이마바리에서 열리는 타월페어

7
섬유패션 자원 다각적으로 활용해야

　나주시천연염색문화재단은 해마다 10월에 나주 원도심에서 '청출어람 ○○○○, 나주'를 개최한다. 이 행사는 천연염색 작품 전시회, 천연염색 미디어 파사드 공연, 천연염색 퍼포먼스, 체험 등 다양한 프로그램으로 구성되어 있다.
　행사 프로그램만 놓고 보면 여느 축제나 이벤트와 크게 다르지 않다. 천연염색을 주제로 한다는 것 외에는 그저 평범한 이벤트로 여길 수 있으나 그 내용을 꼼꼼하게 살펴보면 나주 원도심이라는 장소를 마케팅하려는 의도가 내포되어 있음을 알 수 있다. 즉 천연염색을 장소 마케팅 도구로 활용하는 것이다.

장소 마케팅은 장소를 하나의 상품으로 인식하고 지역의 유무형 자산을 매력적으로 보이게 하여 장소의 경제적 가치를 높이는 활동이다.

'청출어람 2019, 나주'의 경우 문화재, 고택, 갤러리, 나주 곰탕 전문점, 홍어전문점 및 카페 등 70여 곳에 천연염색 작품을 분산 전시해 관람객들이 자연스럽게 동선을 따라 나주의 역사와 문화관광 자원을 만날 수 있게 했다는 점에서 장소 마케팅에 부합(附合)한다.

천연염색 작가 300여 명이 '청출어람 2019, 나주'에 참여한 것도 장소 마케팅과 관련이 깊다. 장소 마케팅이 성공하려면 일차적으로 장소가 매력이 있어야 하고 사람들이 많이 방문해야 한다. 사람들이 방문해야 장소를 알릴 수 있고, 매출이 발생하기 때문이다.

'청출어람 2019, 나주'에서는 작가들이 작품 설치 등의 목적으로 나주를 방문한다. 작품 설치 및 전시 기간에 가족·지인과 함께 방문하면 그 수는 늘어나고, 작가들이 각자 전시회 홍보대사가 된다.

참여작가들뿐만 아니라 전시 장소 자체가 갖는 매력 또한 의미가 있다. 각각의 전시 장소는 기본적인 방문객들이나 손님들이 있는 공간이기 때문에 천연염색 작품을 노출할 기회가 많아진다. 천연염색 작품 전시로 각각의 전시공간은 '기본적인 방문객 + 작품 관람자'로 방문객이 증가할 여지가 많다.

'청출어람 2019, 나주'는 장소 마케팅을 활용한 것으로 천연염색 관계자 외에 언론, 도시재생 관계자들, 벤치마킹하기 위한 전시 기획자들의 주목도 받았다. 단체 관람 문의와 예약도 이어져 천연염색 및 문화 관계자들의 눈길을 나주로 모으는 데에 성공했다.

한편, 섬유패션자원은 이제껏 상품이나 작품 자체만 강조해왔다. 경쟁력 저하로 방치된 섬유패션 관련 산업시설 또한 생산시설로만 여겨왔다. 역사, 장소, 스토리를 결합하면 새로운 상품과 문화자원으로 만들 수 있음에도 방치해온 섬유패션 자원은 너무나 많다. '청출어람 2019, 나주'는 이들 자원에 대해 장소 마케팅 등 새로운 시각에서 활용하는 계기가 되었다.

8
운동화 끈과 천연염색

선거철이 되면 각 정당은 운동화에까지 정치색을 입힌다. 그 바람에 운동화업체는 선거철 특수 효과를 톡톡히 보지만 멋쟁이들은 특정 정당의 당원이나 선거 운동원쯤으로 오인받을 각오 없이 색깔 있는 운동화를 신기가 어렵다.

운동화(運動靴)의 사전적 의미는 운동할 때 신는 신 또는 평상시 활동하기 편하게 신는 신이다. 사전적 의미에서 알 수 있듯이 운동화는 선거 운동을 하기에 편한 신발이다. 이미지적으로는 서민적이며 평상복에 어울리고, 열심히 뛰고 일하는 사람을 나타내기도 한다. 그래서 선거철만 되면 정치인들은 운동화 정치 실현을 내세우는데, 그것이 과도해 정당들이 특정 색의 운동화까지 독점하는 폐단을 만들어냈다.

우리나라에서 운동화는 이처럼 서민적 이미지가 강하지만 미국, 특히 실리콘밸리에서는 창의성, 속도감, 부를 상징한다. 운동화는 가볍고 편하며 개성이 강해 창의적인 작업에 도움이 된다는 평이다. 운동화를 신으면 빨리 걸을 수 있다.

이는 속도감을 나타내는 것으로 소비자에게 빨리 다가가고, 트렌드를 빠르게 주도해나가는 것을 상징한다. 이를 증명하듯 실리콘밸리의 최고경영자들은 어떤 자리에서든 운동화를 즐겨 신는다. 경영자들뿐만 아니라 실리콘밸리 거주자들 대부분이 운동화를 월스트리트의 은행가들이 착용하는 고급 시계나 할리우드 여배우들이 지니는 고급 브랜드의 핸드백만큼 중요한 아이템으로 삼는다.

실리콘밸리에서 새롭게 탄생된 운동화의 이미지는 다양한 제품의 폭발적인 소비 증가로 이어지고 있다. 뉴욕의 시장조사 회사 NPD 그룹에 따르면 2017년 미국의 스포츠·레저용 부분에서 신발 매출은 전년 대비 17% 증가했다. 미국에서 분 운동화 바람은 우리나라에도 영향을 미치고 있다. 한국섬유산업연합회에서는 국내 운동화 시장 규모에 대해 2009년에

1조 2,226억 원이었던 것이 2021년에는 3조 5,000억 원에 달할 것으로 전망했다. 운동화가 전체 신발 시장에서 차지하는 비율도 2016년에 50%를 넘어섰고, 꾸준히 증가하고 있다.

운동화 소비 증가는 당분간 계속될 것으로 보인다. 직장에서 캐주얼복을 입는 비율이 늘어남에 따라 넥타이를 착용하는 비율도 낮아졌다. 스마트폰의 보급에 따라 시계의 필요성도 줄고 있다. 남성들의 주요 패션 아이템인 넥타이와 시계의 필요성이 줄어듦에 따라 양말과 신발은 최후의 액세서리가 되고 있다.

신발, 특히 운동화가 남성 패션의 주요 아이템이 됨에 따라

나주에서 생산된 쪽으로 염색한 운동화

운동화의 개발과 마케팅 전략이 갈수록 치열해지고 있다. 그러한 시장 변화에 차별화·친환경이라는 이미지로 대응하기 위해 천연염색 운동화를 출시하고자 한다면 우선 운동화 끈부터 천연염색 도입을 권한다.

천연염색 운동화 끈은 기존의 끈과 함께 제공한다면 당장 도입할 수 있다. 색과 모양에 따라 운동화를 다양하게 연출할 수 있으며, 친환경이라는 상징성을 가지면서 실패하더라도 손실은 크지 않기 때문이다.

현재 섬유패션업계에서 천연염색에 관한 관심이 높아지고 있으나 위험성 때문에 쉽게 접근하지 못하는 곳들이 많다. 그러한 업체들은 운동화 끈처럼 쉽게 접근하고 활용할 수 있는 부분부터 도입하여 마케팅에 활용하고 점차 확대했으면 한다.

정치권에서도 이왕에 운동화를 신었으면 선거가 끝난 후에도 벗지 말고 운동화 끈을 더욱 조이고 민생을 위해 뛰었으면 한다. 그 운동화 끈이 친환경을 상징하는 천연염색이라면 더 좋겠다는 생각이 든다.

9
사찰염색의 스펙트럼과 천연염색의 확장성

부처님 오신 날(석가탄신일)이 가까워지면 곳곳의 사찰에서는 봉축법요식 준비를 하느라 분주하다. 사찰 근처는 연등과 연꽃 탑으로 울긋불긋 장식되어 있다. 유채색으로 가득한 석가탄신일에 맞춰 천연염색 작품전이 열리기도 한다. 종교 기념일인 석가탄신일에 맞춰 천연염색 작품을 전시한 것은 불교와 천연염색이 정서적으로 가깝기 때문일 것이다.

정서라면 여러 가지 해석이 있을 수 있으나 천연염색업체들은 불교 신자가 많은 지역에서 천연염색 제품 판매량이 많다는 말로 표현한다. 불교박람회 때도 천연염색 제품 판매처가 상당히 많다. 이러저러한 상황을 볼 때 불교와 천연염색의 궁합이 좋은 것은 분명하지만 불자들이 종교적 견지에서 천연염색을 적극적으로 받아들이는 것 같지는 않다.

 불자들이 천연염색을 적극적으로 받아들이게 하려면 종교적 색채를 가미한 명분이 필요하다. 명칭부터 천연염색이라기보다는 사찰염색이라 부르고, 내용도 사찰염색에 맞게 채울 필요가 있다. 사찰염색이라고 하면 친환경적인 천연염색과 무슨 차이가 있느냐고 반문할 수 있다. 실제로 천연염색은 그 자체가 친환경적이라서 불교 정신과 맞는다. 하지만 불교의 생명관 측면에서는 차이가 크다.

 사찰에서는 채소밭에 벌레조차 죽이지 않고 조심스럽게 잡아서 대나무 통에 담아 다른 곳에 옮겨놓는다. 이에 비해 천연염색에 사용되는 염료 중에는 코치닐처럼 동물에서 유래한 것들이 있다. 피염물 또한 견직물, 양모, 피혁처럼 동물성에서 유래한 것들이 있다. 이는 불교의 생명관과 배치되는 것들이다.

 불교의 생명관까지 생각해볼 때 사찰염색의 스펙트럼은 천연염색보다 되레 좁아진다. 사찰염색을 분리해도 천연염색의 스펙트럼에 속하기 때문에 천연염색의 확장성 측면에서는 큰 의미가 없다고 생각할 수 있다.

　하지만 사찰염색을 천연염색과 분리함으로써 불교와 친화성이 커지고, 사찰을 중심으로 강좌 등의 이벤트가 가능하며, 새로운 고객층을 끌어들일 수 있다. 신규 고객층이 증가하면 시장이 커지고 천연염색도 확장성을 가진다.

　그 예는 사찰음식에서 확인할 수 있다. 사찰음식이 전문화됨으로써 특화된 수요가 증가했고, 사찰에서는 사찰음식 특강 등을 열면서 불자는 물론 일반인들과 접촉할 기회가 많아졌다. 사찰염색을 강조하면 천연염색 제품의 수출에도 활용할 수 있다. 현재 서양에서는 비건패션 시장이 확대되고 있는데 사찰염색은 비건패션과 일맥상통한다.

　수출 영업 현장에서는 데이터가 우선시되지만 "한국에서는 비건패션과 같은 것으로 사찰염색이라는 것이 있다. 한국에서 사찰염색은 고려시대 때 불교문화의 발달로 사찰에 염색공장이 있었을 정도로 융성했던 역사성이 있다"라는 식으로 이야기할 수 있다. 이를 통해 한국에서는 친환경 염색을 추구했던 전통이 이어지고 있다는 이미지를 심어주고, 한국적 스토리를 활용해 감성적으로 접근할 수 있는 부분도 있다.

사찰염색의 스펙트럼은 이처럼 천연염색보다 좁으나 사찰염색을 전문화해 활용하면 불자들에 대한 구심력이 강화되어 역설적으로 천연염색의 스펙트럼이 넓어진다. 그에 따라 천연염색의 확장성과 산업 규모도 커질 수 있다.

다섯째 마당

산업화와 세계화가 빠르게 진행되는 천연염색

1
판이 커진 천연염색, 대책이 안 보인다

 금요일 저녁이면 아파트 단지에서 박스를 안고 귀가하는 주민들을 심심치 않게 볼 수 있다. 박스에는 포장지에 싸인 먹거리가 가득 담겨 있다. 내용물로 보아 월요일 아침에는 쓰레기로 채워진 박스를 들고 있는 그들과 마주칠 것 같다. 이런 광경은 이제 낯설지 않고 생활 속에서 발생하는 폐기물은 점점 늘어나고 있다. 커피 한잔을 마셔도 플라스틱 컵, 스틱, 컵홀더 등 남겨지는 것들이 많다.
 철 따라 유행에 맞는 옷을 사 입으면 그만큼 버려지는 옷이 생긴다. 자꾸 발생하는 쓰레기는 언제까지 수용할 수 있을까, 지구환경은 언제까지 견딜 수 있을까 하는 걱정이 앞서는 세

상이다. 이러한 걱정 때문에 섬유업체 K사장은 천연염색 사업을 시작했고, 중학교 선생님인 L씨는 천연염색 옷을 입기 시작했다.

네덜란드에 본사가 있는 천연염색 기업 '루비아(Rubia)'도 이처럼 친환경에 주목해 천연염료 생산·염색업체를 설립하여 이 분야에서는 세계 최초로 친환경 섬유 제품에 대한 국제인증인 GOTS(Global Organic Textile Standard) 인증을 받았다.

루비아사는 현재 빠르게 성장하고 있다. 인도에 있는 천연염료 생산 및 염색기업인 AMA 허브연구소(AMA Herbal Laboratories Private Limited)는 수요에 대응하기 위해 기업을 설립한 뒤 GOTS 인증을 받았으며, 세계 각국에 염료와 섬유를 판매하고 있다.

국내 섬유 수출기업인 V사는 해외 바이어들의 요구로 천연염색 공장을 설립한 뒤 GOTS 인증을 준비했다. 시대는 이처럼 천연염색을 요구하며, 일부 기업은 명확한 목표 설정과 발빠른 대응으로 시장 변화에 재빨리 대응하고 있다. 하지만 대부분 기업들은 확대되고 있는 천연염색 시장에 효율적으로 대응하지 못하고 있다. 천연염색을 기웃거리지만 기업 차원에서 활용할 수 있는 로드맵은 없고 정보도 너무 부족하다.

기업들은 각자도생(各自圖生)하기 위해 과거의 성공 경험을 되살려 적용해보려고 하나 다른 분야의 성공 경험이 천연염색에 그대로 적용되지 않자 당황하고 있다. 과거에 그랬던 것처럼 성공한 섬유패션기업을 모델로 삼아 모델 기업보다 더 빨리, 더 저렴하게, 더 좋은 상품을 생산하는 방식으로 접근하려는 기업도 있으나 천연염색에서 성공한 모델 기업을 찾기가 쉽지 않다.

천연염색으로 성공한 업체를 찾아도 규모가 작고, 그 규모에 맞게 최적화된 모델들이다. 규모가 큰 기업들이 규모가 작은 천연염색업체를 모델로 삼아 접근하기도 하지만 맞지 않는 부분이 많아 포기하는 사례도 늘고 있다.

어떤 기업은 이래도 저래도 안 되니까 합성염료로 천연염색한 것 같은 제품을 만들어 판매함으로써 천연염색에 대한 신뢰도 저하와 천연염색 시장 왜곡에 앞장서는 결과를 초래하고 있다. 기존의 천연염색 공방 중 다수는 시대변화에 적응하지 못하고 있다. 환경과 수요 내용이 변하는데도 타성에 젖어 과거 방식 그대로 운영함에 따라 성장하기보다는 퇴보하고 있다.

 일부 공방들은 이것을 만회하기 위해 표준화, 견뢰도 향상, 색 재현성 등에 매달리면서 대량 생산·판매에 희망을 갖고 있다. 대량 생산·대량 판매의 길이 열리면 대자본 기업이 참여해 저자본 공방의 위치가 불안해지기 쉽다는 점을 망각한 채 말이다.

 천연염색은 규모가 확대되고 있는데 현장은 이렇게 대책 없이 우왕좌왕하고 있다. 갈피를 잡기 위해서는 정부 차원에서 관련 기업이 즉각 활용할 수 있는 실용기술을 개발해 축

나주에서 생산된 쪽염료로 실을 염색한 후 제작한 의류로 산업적인 생산 가능성이 확인된 천연염색 제품

적해야 한다. 관련 기업에 대한 정책적 지원을 늘리고 천연염색과 동떨어진 규제도 풀어야 한다.

　기업들은 기존의 공방들이 어렵게 만들어놓은 시장을 탐내기보다는 기업 규모와 실정에 맞는 새로운 시장을 개척하고 기술을 개발해야 한다.

　공방들은 기업 상품과 차별화된 수요를 만들어내고 전문화해야 한다. 천연염색의 전통, 공예, 교육, 천연염색 치료와 복지, 대량 염색, 유통, 패션 등의 관계자들은 각자 관련 분야를 더욱더 세분화·전문화하되 전체적으로 규모화하고 구조적으로 튼튼하게 해야 한다.

2
천연염색업체,
견뢰도 대응이 성패 가른다

천연염색에는 장점이 많다. 그 장점을 활용하기 위해 많은 기업이 천연염색을 사업화하다가 견뢰도로 곤욕을 치렀다. 천연염색 제품을 취급하고 싶으나 견뢰도 때문에 참여를 망설이는 기업들도 있다. 그런 가운데 일부 기업들은 천연염색의 견뢰도는 크게 문제가 없다는 듯 성장을 거듭하거나 천연염색의 흐름에 동참하는 기업들이 늘고 있다. 그들 기업은 천연염색의 견뢰도에 어떻게 대응하고 있을까?

2013년 설립된 일본의 란제리 브랜드 리브라(Liv:ra)는 천연염색업체로 인지도가 높으며, 품질관리 또한 철저히 한다. 제품의 견뢰도는 6가지 색상(Pink, Yellow, Navy, Purple, Green, Blue)에 대해 주 1~2회 착용하고, 비누 세제로 세탁하며, 그늘에 건조하는 것을 기준으로 했을 때 구매 후 색상, 6개월 후 색상, 1년 후 색상을 제시하면서 소비자들이 시각적으로 6개월 후, 1년 후 색상 변화까지 알 수 있게 해놓았다.

리브라에서는 색상표 제시와 함께 인디고 염료로 염색한 네이비(Navy)에 대해서는 구입 후 초기에는 흰색 양복과 함께 착용하지 말고 몇 차례 세탁한 후 색이 어느 정도 빠지면 흰색 양복과 함께 입거나 따로 세탁하지 않아도 좋다고 제시해놓았다.

1962년 창업한 타이완의 패션업체 휘맹국제고빈유한공사 브랜드 중 하나인 FREE는 2014년부터 천연염색 의류를 생산하고 있다. FREE는 자체 연구소에서 천연염색 제품의 견뢰도 향상기술을 높이고 있으며, 견뢰도를 수치로 제시한다. FREE는 천연염색의 품질과 제품에 대한 정보 제공으로 매년 신장하고 있는데, 천연염색 제품의 비중은 2017년 15%, 2018년 30%, 2019년 40% 이상으로 증가했다.

천연염색을 최근 도입한 일본 스나이델(SNIDEL)에서는 천연염료를 90% 이상 사용했는데, 염색견뢰도 시험을 통과했으므로 탈색 염려 없이 오랫동안 이용할 수 있다고 밝혔다. 일본 (주)파이브폭스는 레몬과 블루베리 염료로 염색했는데, 식물 색소만으로는 견뢰도를 확보하기에 불충분해서 안전한 화학염료를 일부 혼합했다고 밝혔다. 스나이델과 파이브폭스는 합성염료를 일부 사용해 견뢰도를 높이며, 그 사실을 밝힌 사례다.

1985년부터 매출의 1%를 환경보호·복원에 사용하는 파타고니아에서는 천연염색 제품에 대해 클린컬러 컬렉션(CLEAN COLOR COLLECTION)이란 명칭을 부여하고, 천연염색한 옷은 당연한 색이 빠진다는 역발상 마케팅 논리를 펼치고 있다. 즉, 염색물이 빠지지 않으면 천연염색 제품이 아니라 환경을 오염하는 제품이라는 점을 강조하는 것이다.

위의 업체 중 견뢰도 확보와 관련된 정보 제공 업체는 창업 후 승승장구하고 있다. 천연염색 제품에 대해 견뢰도 기술 확보 없이 친환경적이라는 것만 강조하고 견뢰도에 대한 정보도 제공하지 않은 업체 중에는 폐업한 곳이 많다. 소비자 불신으로 폐업한 업체 중에는 천연염색 제품에 대한 불신을 키우고, 천연염색업계 전체에 피해를 준 사례도 있다.

현재 친환경 바람과 함께 천연염색을 도입하는 업체가 늘고 있다. 신규 진입 업체들이 성공하려면 먼저 견뢰도를 높이는 기술력을 확보해 품질을 개선해야 한다. 소비자들이 제품의 견뢰도를 예상할 수 있는 자료도 제공해야 한다. 그것이 업체가 성공하고 천연염색업계 전체가 사는 길이다.

3
유명 브랜드 천연염색 상품 출시에 대한 기대와 우려

　국내외 유명 패션업체들은 최근 약속이나 한 듯 천연염색 제품을 출시하고 있다. A업체는 유기농법으로 재배·생산된 원단에 천연염색 과정을 거친 티셔츠 라인업을 출시했다. 옐로, 블루, 핑크, 그레이, 브라운 등 총 5가지로 천연염색 특유의 은은하고 자연스러운 컬러의 라운드넥 티셔츠와 포켓 디테일의 브이넥 티셔츠, PK티셔츠로 구성돼 다양한 스타일링 연출이 가능하다는 점을 강조하고 있다.
　B업체는 보타닉 다잉(식물염료로 염색)한 오가닉 티셔츠를 출시하면서 '가먼트 염색'을 강조하고 있다. 원단을 염색해서 옷을 만드는 것이 아니라 만들어진 옷을 염색함으로써 염색

과정에서 물 사용량을 줄여 결과적으로 수질 환경에 미치는 영향을 줄였다는 것이다.

B업체에서 출시한 티셔츠 색깔은 커피와 치자, 회화나무꽃(괴화), 로그우드, 도토리 등 천연재료를 사용한 베이지, 옐로, 그린, 그린블루, 그레이 등 7가지다. C업체에서는 천연염색을 적용한 운동화를 출시했다. 이들 유명 브랜드 업체들이 소재 선택, 천연염색, 염색 방법에 이르기까지 환경을 생각한 제품을 출시한 점은 환영하고 박수를 보내며 기대감 또한 크다.

그러나 한편으로는 우려 또한 큰 것이 사실이다. 그동안 여러 업체가 제대로 준비하지 않은 채 천연염색 상품을 출시해 문제점만 드러내고 철수한 전례가 있기 때문이다. 천연염색 제품을 출시했다가 실패한 업체들은 회사 차원의 손실뿐만 아니라 천연염색에 대한 부정적 이미지까지 남겼다. 현재, 천연염색에서 가장 큰 문제점으로 지적되는 것은 견뢰도인데, 이는 염료와 밀접한 관련이 있다.

천연염색에서는 그만큼 염료가 중요한데, 천연염색 상품을 출시한 업체 천연염색 제품의 색이나 염료를 고려해보면 걱정스러운 면을 지울 수 없다. 필자는 몇 년 전부터 각각의 천연염료로 염색한 수건을 합성염료로 염색한 것처럼 사용하고 있다. 이 수건들은 대부분 염색한 후 몇 개월이 되기 전에 염색했던 수건인가 싶을 정도로 색이 빠져버렸다.

 그런데 적색계 식물염료로 염색한 수건은 3년이 지나도 색상이 크게 변하지 않았으며, 여전히 합성염료로 염색한 수건과 함께 사용하고 있다. 색상이 거의 다 빠진 수건을 보면서 '천연염색은 원래 물이 잘 빠진다.' '천연염색은 친환경적이다'라고 생각하거나 홍보한다 해도 소비자들에게 이러한 제품을 사용하라고 권할 수 있을까. 또 소비자들이 이런 제품을 사용한 후 천연염색 제품에 대한 좋은 이미지를 유지할 수 있을까. 천연염색 제품을 재구매할 수 있을까 자문해보면 '아니다'라는 생각이 든다.

 반면 몇 년째 색상이 변하지 않는 수건을 사용할 때마다 이 정도면 소비자들에게 당당하게 천연염색 제품을 권장할 수 있겠다는 생각이 든다. 따라서 유명 패션업체들이 출시한 천연염색 제품이 천연염색업계와 상품 출시 업체의 발전, 소비자 선택 폭의 확대 측면에서 필자가 천연염색을 해서 몇 년째 사용하는 수건 정도의 견뢰도를 가졌으면 하는 바람뿐이다.

4
천연염색 산업화, 대책이 필요하다

  2021년 4월 21일 중국 산둥성 떠조우(德州)에서는 중국 방직의류위원회 과학기술개발부에서 주관한 '식물염색 방직품 핵심기술 및 산업화' 프로젝트(이하 식물염색 프로젝트) 평가회가 있었다. 이날 평가회에서 전문가들은 결과를 만장일치로 통과시켰고, 전반적 기술은 국제 선진 수준에 도달했다고 평가했다.

  중국에서 2016년 시작된 식물염색 프로젝트는 덕주능풍방직유한공사, 칭다오대학교, 산둥긍풍식물염공업화생산기술연구원으로 구성됐다. 또 산둥금융가식물염색과기유한공사, 화방고빈유한공사, 청두즉발집단고빈유한공사, 산둥신형사

선급면료창신중심유한공사가 참여했다.

《중국 텍스타일(China TexTile)》보도에 따르면 식물염색 프로젝트팀은 염료와 염색법 개발, 식물염색의 산업화된 생산라인을 구축했다. 식물염료는 염료에 포함된 마이크로나노 불순물의 고효율 분리 기술을 개발해 규격과 인증을 추진하고 있다. 천연염료에 포함된 불순물은 염색성과 염색의 재현성, 견뢰도를 떨어뜨리는 중요 문제로 지적되어왔는데, 이것이 어느 정도 해결된 것이다.

천연염료의 종류에 따라 물, 전기, 기타 에너지의 소비를 크게 줄일 수 있는 전처리와 후처리 염색기술을 개발하여 전 공정의 생산라인을 구축했으며 개발된 기술을 활용해 에이머(Aimer), 코스트코(COSTCO), 아에게(Aige), 갭(GAP), 리바이스(LEVIS) 등 브랜드에 식물염료 제품을 판매하고 있다.

스웨덴에 본사가 있는 패스트패션 브랜드 H&M은 영국에 있는 컬러리픽스 리미티드(Colorifix Limited)에서 생명공학으로 만든 식물성 염료와 최첨단 염색기술을 활용해 37℃에서 염색한 제품을 출시했다. H&M은 식물성 안료를 활용한 DTP(디지털프린팅) 제품도 판매하고 있다.

일본의 천연염색 란제리 브랜드 리브라(LIV:RA)는 교토의 후지타염원(藤田染苑)이 개발한 식물을 원료로 하는 프린트 기법으로 쪽, 괴화, 꼭두서니, 마리골드 등을 상품에 적용해 천연염료로 프린팅된 옷의 판매에 돌입했다.

청바지로 유명한 의류 제조회사 리바이스는 물 사용을 줄이고 효율적인 염색을 하기 위해 초음파로 천연염색한 제품을 2021년 출시했다.

일본 사카모토 데님(坂本デニム)과 오카모토섬유(岡本テキスタイル)에서는 천연 쪽염색 시 전해수 이용 기술에 따라 염색 후에는 황산 등 산성제를 사용하는 대신 산성 이온수로 중화처리·세정을 하고 있다.

시대가 지속 가능한 섬유패션을 요구하자 해외에서는 위와 같이 국가 차원 또는 유수 기업에서 천연염색 산업화에 적극적으로 뛰어들고 있다. 산업화 방향은 저욕비, 친환경 염료와 세제의 활용에 따른 오염물질 배출 감소, 서온 염색·염색 공정 단축에 따른 에너지 절감과 이산화탄소 저감, 색상의 다양화와 견뢰도 향상이다.

이를 위해 염색 재현성과 견뢰도가 높은 천연염료 제조, 천연염료·안료를 이용한 DTP 기술개발, 염료의 제조·염색 과정에서 생명공학 이용, 초음파 기술 등 첨단 기술을 이용한 염색으로 환경오염 최소화 등에 초점을 맞추고 있다.

우리나라는 국가 차원에서는 천연염색에 대한 로드맵이 없다. 섬유패션 프로젝트는 많으나 천연염색과 관련된 프로젝트가 거의 없으며, 있다 해도 천연염색 전문가는 배제된 채 연구를 위한 연구나 사업을 위한 사업으로 끝나고 마는 실정이다. 기업체에서는 브랜드만 가지고, 제품은 아웃소싱 의존도가 높다 보니 기술개발과 투자에 소홀하다.

천연염색 공방의 수나 공예적 기술은 세계 최고 수준이라 할 수 있으나 산업적 측면에서는 힘을 발휘하지 못하고 있다. 시대는 지속 가능한 섬유패션산업을 촉구하나 한국의 천연염색 산업화는 대책이 없고, 비전이 불투명하다.

천연염색 전통, 문화와 공예 측면의 융성을 생각하면 산업화는 아쉽고 답답할 뿐이다. 친환경 시대를 맞이함에 따라 천연염색은 미래 먹거리라는 인식으로 산업화 정책 마련, 과감한 연구개발 추진, 기업의 투자, 산학연 연계 등으로 한국이 세계 천연염색 산업의 리더가 되었으면 한다.

일본 도쿠시마의 섬유공장에서 직조하려고 천연인디고로 염색해놓은 제직용 실

5
한국 천연염색, 세계를 지배하려면 리셋하라

　친환경을 갈구하는 시대다. 세계 섬유패션 시장에서도 친환경이 크게 부각되고 있다. 국제 환경단체 그린피스는 섬유패션산업을 겨냥해 2011년 3월부터 모든 유해 화학물질의 사용과 배출의 제로를 목표로 디톡스(Detox) 캠페인을 하고 있다.
　이 캠페인에 나이키, 아디다스, 푸마, H&M, 자라, 리바이스, 라코스테, 에스프리, 망고, 마크스앤스펜서, 시앤에이, 유니클로 등 세계적 의류 기업이 동참하고 있다. 2021년에도 이탈리아 프라토 텍스타일 구역에 위치한 20개 섬유 제조업자들이 그린피스 디톡스 캠페인에 동참했다.

디톡스 캠페인에 동참한 기업체들은 11가지 유해화학물질의 무잔류를 목표로 해마다 친환경 제품 취급 비율을 높이고 있다. 세계 유수 기업들이 디톡스 캠페인에 동참하는 주요 이유는 소비자들을 붙잡기 위해서다. 섬유패션 시장의 흐름은 이처럼 친환경 제품이 대세를 형성하고 있다.

 친환경 제품 시장이 확대됨에 따라 천연염색도 주목받고 있다. 현재 천연염색은 세계적으로 독보적인 지위를 가진 나라가 없다. 굳이 산업화 정도를 구별해본다면 한국은 노하우 축적이나 인프라, 관계자들의 열정 등 몇 가지 측면에서 선두 그룹에 있다고 할 수 있다.

 이를 증명하듯 한국 천연염색업체들은 해외 섬유 박람회에 적극적으로 참가하고 있다. 일부 섬유패션기업에서는 기존의 국제 영업망을 통해 천연염색 제품의 수출을 타진하고 있다. 그러나 결과는 아직 만족할 만한 수준에 이르지 못하고 있다. 친환경이라는 시류에도 불구하고 한국 천연염색 세품이 유럽이나 미국 시장에서 맥을 못 추는 이유는 선호도와 친환경 제품에 대한 인식 차이 때문이다.

 감물염색 제품을 예로 들면 다소 뻣뻣하고 고슬고슬한 느낌이 여름철 습기가 많은 우리나라에서는 선호되나 습기가 적고 고온 건조한 지역에서는 감촉이 뻣뻣하다는 이유로 배제되고 있다. 또 우리나라에서 많이 이용되는 감물염색 제품이 밝은색을 즐기는 서구에서 외면당하는 것처럼 지리, 기후, 민족성, 종교 등에 따른 선호도 차이를 극복하지 못하고 있다.

친환경에 대한 인식 차이는 선호도보다 더 큰 간격을 보인다. 우리나라에서 천연염색 제품에 대한 친환경 개념은 소비자 개인에게 맞춰져 있고, 그에 따라 몸에 좋다는 기능성이 부각되고 있다. 연구 방향도 이와 관련이 있어 2015년까지 국내에서 발표된 석사학위논문 300여 편, 박사학위논문 70여 편, 학술지에 게재된 논문 500여 편의 내용은 염색성과 기능성에 관한 것이 과반이었다.

반면 유럽과 미국에서는 천연염색 제품 제조 과정에서 오염물질의 최소화, 작업 환경자의 안전, 독성 물질 잔류가 없는 제품에 초점이 맞춰져 있다. 그러다 보니 천연염색 제품 못지않게 제조와 염색 공정이 중요시되며, 이에 따른 각종 친환경 인증이 있다.

현재, 친환경 섬유 제품에 대한 대표적 국제 인증은 GOTS (Global Organic Textile Standard)다. GOTS는 생산 공정을 포함해 섬유 제품이 환경·인체에 미치는 영향을 엄격하게 조사·관리하는 민간 인증기관이다.

독일, 영국, 미국, 일본 등 4개국 단체가 참여하며 섬유 제품 인증 기준으로는 세계에서 가장 엄격하다. GOTS 인증 기준으로는 구체적으로 제품에 사용된 원단과 염료, 염색 과정, 염색 후 처리 등 전 과정에서 유해물질이 없다는 것을 증명해야 한다.

제품뿐만 아니라 제품화 과정에서 염료 종류, 양, 물 사용량과 오염 정도, 에너지 사용량 감축 정도도 중요한 척도가 된다. 염색하는 사람들의 작업환경도 인증 기준에 포함되어 있다. 그 기준을 모두 충족하는 제품만 인증을 받고 GOTS 인증마크를 사용할 수 있다.

결과적으로 GOTS 마크가 붙어 있는 제품은 섬유뿐만 아니라 생산 공정도 친환경 측면에서 제대로 관리된다는 것을 의미한다. 그러므로 디톡스 캠페인에 동참한 기업체들은 GOTS 인증마크를 받은 제품을 취급하는 것만으로도 친환경

제품을 이용하겠다는 약속을 지키게 되는데, 그 시장 규모가 수백조 원에 이른다.

이 시장에 진입해 점차 시장을 넓히려면 천연염색에 대한 인식, 염색, 제품화 과정, 잔류물질 등에 대해 총체적으로 국제적인 눈높이와 기준에 맞춰서 리셋해야 한다. 그다음에는 한국인 특유의 열정과 속도로 세계 천연염색과 친환경 섬유 패션 시장을 장악하고 지배해야 한다.

한국 천연염색이 세계를 지배하려면 총체적으로 국제적인 눈높이와 기준에 맞춰서 리셋하고 발전시켜야 한다.

6
한국 천연염색, 국제적 이미지업이 필요하다

　타이완 타이중섬유박물관에서는 2019년에 '슬로패션-2019 아시아태평섬유공예특별전(Slow Fashion-2019亜太纖維工芸特展)'이 개최되었다. 이 특별전은 국립타이완공예연구발전센터에서 오래전부터 준비한 야심찬 기획전이었다. 주최 측에서는 특별전의 효과를 극대화하기 위해 다양한 경로로 참여 디자이너와 작품을 탐색했다.

　'슬로패션-2019 아시아태평섬유공예특별전'에 최종 선정된 작품의 소재는 바나나섬유(일본, 필리핀), 천연염색·한산모시·안동포(한국), 연꽃섬유(말레이시아, 캄보디아), 염색과 자수(인도), 파인애플 섬유(타이완) 등이다.

디자이너에는 타이완 디자이너 6명을 비롯해 말레이시아 출신의 베르나드 찬드란(Bernard Chandran), 인도의 라훌 미쉬라(Rahul Mishra) 그리고 한국의 박영희·정경아 씨 등이 선정되었다. 패션 디자이너 선정 과정에서 한국의 경우 필자에게 협조를 요청했고 전시 콘셉트에 맞는다고 생각되는 디자이너 몇 명과 접촉했다. 이에 천연염색업체와 업체 두 곳을 주최 측에 최종적으로 추천하고 천연염색 패션 작품 사진을 보냈다.

그러나 자료를 받은 주최 측 기획자의 반응이 신통치 않았다. 슬로패션(Slow-fashion)은 흔히 패스트패션의 반대 개념으로, 친환경적 소재와 염색 방법 등을 이용해 환경과 인체에 미치는 악영향을 최소한으로 하는 패션을 말한다. 그래서 천연염색은 대표적 슬로패션이라는 생각에 두 곳을 추천했는데 의외의 반응에 필자 또한 당황스러웠다.

특히 모 천연염색업체의 세련된 천연염색 작품 사진을 보고는 이것이 왜 슬로패션인가 하는 의문까지 제기했다. 이에 2013년부터 나주시천연염색문화재단과 교류해온 타이완 타이중섬유박물관 측에서는 필자가 타이완에서 출판한 '한국의 천연염색문화와 산업'이라는 타이완어(중국어 번체)판 책과 함께 작품 소개서를 기획자에게 전달하면서 보충 설명했다.

타이중섬유박물관 측 설명과 자료로 한국 천연염색, 한산 모시, 안동포 소재 등을 이해한 전시 기획자는 한국 천연염색 은 전통 공예에 새로운 아이디어를 담아서 발전시킨 패션으 로 슬로패션 문화를 선도한다는 칭송과 함께 한국 천연염색 패션에 큰 기대감을 나타냈다.

결과적으로 전시 기획 추진 단계에서 한국 천연염색 패션이 슬로패션인가에 대한 의구심은 한국의 천연염색과 전통 패션 문화에 대한 정보가 부족해서 일어난 해프닝이었다. 이 전시 의 기획 책임자는 매우 유능한 기획자로 알려져 있었다. 유능 한 기획자라고 해서 모든 분야에 대해 정보가 풍부한 것은 아 니므로 관련 분야를 조사하고 이로써 기획하는 분야의 정보를 보충하고 활용한다.

그런데 타이완의 기획자는 유통되는 정보에서 한국 천연염 색에 대한 정보를 충분히 얻지 못했던 것이다. 이 점은 한국 천연염색이 슬로패션 측면에서 이미지를 만들고 정보를 제 공하는 일에 소홀했다는 점을 반증하는 것이다.

슬로패션은 현재 하나의 거대한 흐름을 만들어가고 있다. 그 흐름 속에 유기농·재활용 소재, 기업의 윤리적·도덕적 가치를 기반으로 한 박애주의적 패션사업, 공정 거래를 통해 저임금 노동자에게 수익이 많이 돌아가도록 하는 구조, 기업 이익의 사회적 환원 등이 부각되고 있다.

반면 천연염색은 '슬로패션-2019 아시아태평섬유공예특별전'의 기획자조차 잘 모를 정도로 슬로패션에서 비껴나 있다. 이것은 우리나라 천연염색이 세계적으로 선두에 있다는 점에서 국가적 손실이다.

따라서 천연염색업계, 섬유패션업계뿐만 아니라 국가 차원

한국 천연염색에 관한 정보를 국제사회에 적극적으로 발신해서 발전을 촉진해야 하다.

에서 천연염색의 이미지를 높이고 슬로패션 측면에서 가치를 부각해 정보를 세계적으로 유통시켜 천연염색 산업의 발전을 촉진해야 한다.

7
한국 감물염색, 유네스코 인류무형문화유산 등재 추진하자

세계 천연염색의 선두 그룹에는 한국이 있다. 공방과 종사자 수, 연구의 질과 양, 산업화에 이르기까지 그 어떤 나라에도 뒤지지 않는다. 친환경과 문화가 주목받는 시대에 환경친화적이고 문화가 가미된 한국 천연염색이 세계 선두 그룹을 차지하고 있다는 것은 큰 자원이자 자랑거리다.

한국 천연염색의 성장 배경에는 소비 시장의 변화, 관계자들의 연구와 노력, 관련 기관의 설립과 운영, 정책적 지원 등 다양한 요인이 작용했다. 그중에서도 빼놓을 수 없는 공신이 감물염색이다.

감물염색은 합성염료가 보급된 이후에도 제주도와 전남 진도 지역을 중심으로 생명력을 이어왔다. 경북 청도군에서는 10년 넘도록 감물염색에 집중 투자를 해왔다.

감물염색은 이제 단일 염색뿐만 아니라 다른 염료와 함께 그 용도가 폭넓어지고 있다. 이미지 또한 특정 지역을 벗어나 한국을 대표하는 천연염색으로 되었다. 감물염색은 이처럼 크게 성장했으나 국제적 시각에서 보면 그다지 알려지지 않은 것도 사실이다.

인도네시아의 바틱, 중국 광둥성 순더의 향운사, 아프리카의 보고란, 인도의 쪽염색에 견주어도 손색이 없는 감물염색이 국제사회에서 인지도가 낮은 것은 그동안 문화자원 측면에서 국제적인 가치 향상에 소홀했기 때문이다.

한국 전통 감물염색은 염색 외적 부분의 문화적 가치가 높다. 1930년대 이전까지만 해도 제주도, 진도, 전남 일부 해안 지역에서 감물염색은 의식주와 관련이 깊었다. 감물로 종이를 염색해서 장판으로 썼고, 문종이는 물론 대바구니에 붙여 사용했다. 감물염색과 염색 제품의 사용은 그야말로 일상생활 자체였다.

감물염색은 다양한 문화와도 결부되어 있다. 당시 제주도나 진도에서는 80% 이상이 감물로 염색한 옷을 입었다고 하니 2009년 유네스코 인류무형문화유산에 등재된 강강술래 복장도 감물염색 옷이었을 것이다. 진도들노래 복장 또한 마찬가지였을 것이다. 목포에서 어망 염색용으로 풋감을 수매함에 따라 전북 지역에서 풋감을 수확해서 목포까지 출하했다는 이야기도 전해진다. 예전의 감물염색은 이처럼 생활의 일부였고 문화였지만 지금은 염색과 생산성에 함몰되어 있다. 그 결과 강강술래 공연 시 복장은 흰색 무명 저고리와 남색 치마로 변해버렸다.

전통적인 감물염색과 관련된 문화가 소실됨에 따라 국제사회에서 한국 감물염색의 정체성은 물론 스토리도 부각되지 않고 있다. 문화가 배제되고 정체성과 스토리가 없어지다 보니 감물염색은 한국 문화를 알리는 소재로서 가치도가 낮고, 국제사회에서 인지도 또한 높지 않은 게 현실이다. 따라서 한국 천연염색의 위상에 맞게 전통 감물염색을 재발견하고 가치를 높일 필요가 있다.

염색 측면뿐만 아니라 문화적 측면과 연계해서도 전통문화를 보존·계승하고 발전시켜야 한다. 그러자면 유네스코 인류무형문화유산에 등재된 품목 못지않은 가치가 있는 한국 감물염색을 유네스코 인류무형문화유산에 등재시키는 것이 효과적일 것이다.

유네스코 인류무형문화유산에 등재되면 다음과 같은 효과를 기대할 수 있다. ① 해당 유산이 어느 특정 국가 또는 민족의 유산을 떠나 인류가 공동으로 보호해야 할 가치가 있는 중요한 유산임이 증명된다. ② 해당 유산이 소재한 지역의 공동체, 국가의 자긍심이 고취되면서 해당 유산이 훼손되는 것을 막고, 가능한 한 원상태로 보존하는 데 크게 기여하게 된다. ③ 국제적 지명도가 높아지면서 관련 상품의 판매력 향상, 고용 기회 및 수입 증가 등을 기대할 수 있다. ④ 정부의 추가 관심과 지원을 받을 수 있어 관련 분야와 지역 발전에 도움이 된다.

이외에 유네스코 인류무형문화유산으로 등재하는 과정에서 그동안 소실된 문화를 복원하고, 감물염색 관련 문화의 가치를 재발견해 후대에 전하는 것도 큰 수확물이 될 것이다.

한국 전통 감물염색을 유네스코 인류무형문화유산으로 등재하려면 추진 주체, 조건 구비, 정책적 지원, 관계자들의 협

한국의 감물염색은 역사성과 고유성 측면에서 문화보존 가치가 매우 크다. 청도군에 있는 염색업체 (주)행복한 감

력 등 장애물이 많다. 하지만 염색 분야에서도 우리나라를 빛내고, 세계 사람들이 우리 감물문화 유산을 공유하고 즐겨볼 수 있도록 합심해서 장애물을 뛰어넘었으면 한다.

8
천연염색, 중국·일본 대신 한국을 선택한 이유

　코로나19를 겪으면서 세계적으로 환경문제와 천연염색에 관한 관심이 급격하게 높아졌다. 높아진 관심은 천연염색 현장에까지 전해졌다. 천연염색 기업의 말을 빌리면 최근 해외로부터 천연염색 원단에 대한 문의가 급격하게 늘었으며, 특히 한국을 선호한다고 한다.

　해외 업체들이 한국의 천연염색 원단을 선호하는 이유는 한국 천연염색의 기술 수준이 높고 고품질이라는 인식 때문이 아니라 중국은 노동 환경, 근로자 인권 문제, 코로나19 근원지라는 점 때문에 발길을 돌리고 있으며, 일본은 가격이 비싸서 쉽게 접근하지 못하기 때문이라고 한다. 그래서 기업체에서는 해외 업체의 상담에 대응하기 위해 한국 천연염색의 품질을 인증할 수 있는 시스템이 있었으면 좋겠다고 한다.

다수 해외 기업들이 한국 천연염색에 대해 잘 알지 못하는 것과 달리 한국의 천연염색은 객관적으로 볼 때 세계 상위권 수준이다. 염색기술, 시설, 업체 수, 염색물 품질 등이 세계적 수준으로 세계시장 어디에 내놓아도 결코 뒤지지 않는다.

한국 천연염색은 우수한 전통을 바탕으로 다른 나라에 비해 참여자가 많은 가운데 진위, 견뢰도 논란, 색상의 재현 논란을 끊임없이 겪어왔다. 그 과정에서 조경래 전 신라대 교수, 부산대 장정대 교수 등 이론과 실무 실력이 뛰어난 분들이 기술개발과 보급을 꾸준히 지원하면서 전체 수준을 높였다.

그 덕분에 한국 친연염색은 산업적 측면에서 기술 향상은 물론 공방과 관련 인구가 늘면서 천연염색 자체가 브랜드가 될 정도의 수준에 이르고 있다. 하지만 그동안 국제사회나 업체에 한국 천연염색의 수준을 효과적으로 알리는 데는 소홀한 측면이 많다.

인터넷에서 영어, 독일어, 프랑스, 이탈리아어, 스페인어 등으로 천연염색을 검색해보면 일본 등 해외 여러 천연염색 기업은 검색되어도 한국 업체는 거의 검색되지 않는다. 한국 천연염색의 기술 수준이나 현황에 대한 자료 또한 국제적으로는 거의 노출되지 않았다.

정보가 없으니 중국과 일본 말고 한국을 선택해도 미덥지 못해 한국 천연염색업체에 까다롭게 굴고 많은 자료를 요구하는 것이다. 천연염색업체로서는 그동안 섬유와 관련해 많은 국가연구 사업과 지원 사업이 있었음에도 이 부분에 대한 정부 대책이 없었던 점이 매우 아쉽고 서운하다는 반응이다.

늦은 감은 있지만 이제라도 관련 부처 차원에서 한국 천연

타이완공예박람회에 전시된 한국 천연염색 제품

염색의 높은 수준과 위상을 세계에 체계적이고 효율적으로 알려서 중국과 일본 말고가 아니라 한국 천연염색만 믿고 선택하도록 대응책을 마련했으면 한다.

9
천연염색 산업화, 중국은 뛰는데 한국은 게걸음

중국에서 천연염색 산업화가 놀라운 속도로 빠르게 진행되고 있다. 중국 섬유패션업계에서는 제조 과정부터 환경친화적이고 의료·건강 효과가 있는 부가가치 높은 천연염색에 뛰어드는 기업들이 증가하고 있다.

대표 기업에는 덕주항봉그룹(德州恒丰集团, Dezhou Hengfeng Group)이 있다. 2012년 9월 설립된 덕주항봉그룹은 산동성 형평(恒丰)공업단지에 있다. 덕주항봉그룹 산하에는 사회사가 수십 개 있으며, 이들은 '중국 국가 면방산업 100대 기업' '중국의 새로운 원사 R&D 및 혁신기지' '산동 10대 기업 문화 브랜드 단위'에 선정되었다.

덕주항봉그룹이 천연염색 연구개발에 나선 것은 2016년으로, 그해 5월 산둥긍풍식물염공업화생산기술연구원을 설립했다. 덕주항봉그룹은 그룹 자회사, 칭다오대학, 둥화대학(东华大学), 산둥금융가식물염색과기유한공사 외에 천연염색 산업 체인의 각 과정과 연관된 상위 수준의 업체들과 협력해 천연염색 프로젝트팀을 구성하고 기술개발에 나섰다.

천연염색 연구개발은 염료식물 재배, 염료 추출 기술개발, 염색 시설과 기술 및 제품화로 구분하여 실시했다. 염료식물은 전통적인 식물 외에 염색성이 우수한 외래 식물을 도입하여 유기농 재배 기술을 확립했다.

염료 추출은 염료식물별 초음파에 의한 최적 추출법 개발, 마이크로나노 불순물의 고효율적 분리 기술개발, 염색의 재현성을 높이는 천연염료의 농도와 규격의 표준화를 했다. 염색은 저온 마이크로파 염색, 쇼핑 처리 기술개발, 염료의 보조제·천연 고정제를 개발했다. 개발된 염료와 염색기술을 적용할 수 있는 시설도 구비했다. 현재 개발한 염료와 염색기술을 이용해 원사를 염색하여 제직한 원단의 세탁견뢰도는 4등급 이상이며, 일광견뢰도는 6등급 수준이라고 밝혔다.

덕주항봉그룹에서는 친환경과 지속 가능한 차원에서 천연염료를 사용하는 데에 그치지 않고 염료 추출, 염색, 전후가공 처리 공정에 이르기까지 물, 전기, 기타 에너지 소비를 크게 줄일 수 있는 기술과 공정라인을 설치했다. 또 천연염색 PDS, GOTS, GRS, OCS 인증 표준을 보유하고 있다.

대규모 블루오션에 속하는 천연염색 제품은 중산층 소비자를 겨냥해서 고급 제품을 생산하는데, 중국 내에서 큰 반향을 불러일으켰고, 고급 의류 브랜드의 속옷, 아동복에 적용되고 있다. 중국 내 유명 브랜드 외에 코스트코, 리바이스 등 외국의 유명 브랜드와 전략적 제휴를 맺고 있다. 덕주항봉그룹에서는 지금도 천연염색에 지속적으로 투자하며 2025년까지 1만 에이커에 염료식물을 식재하고 1만 톤의 생산라인을 완공할 계획이다.

중국의 천연염색에 대해 덕주항봉그룹 사례를 들었는데, 중국의 경우 대부분 국영기업 형태로 운영되고, 국가 정책이 기업에 많이 반영된다는 측면에서 사실상 국가 주도로 천연염색의 산업화를 추진하고 있으며, 그 성과를 거둬들이고 있다.

이에 비해 우리나라에서는 천연염색에 대한 로드맵이 마련되어 있지 않으며, 국가 및 지방자치단체에서 출연한 다수의 섬유패션 관련 연구기관에서도 천연염색을 산업화하기 위한 염료식물 재배, 염료 추출과 분리, 저탄소 천연염색 기술, 천연색 원단을 활용한 상품개발 등과 관련된 체계적인 연구가 별도로 진행되지 않고 있다.

  기업체도 중국에서 염색된 실이나 원단을 이용하면 된다는 생각인지 천연염색 기술개발에 대한 노력이 돋보이지 않는다. 한마디로 중국은 천연염색을 블루오션으로 생각하고 산업화를 위해 뛰는데 한국은 제자리걸음을 하고 있다. 천연염색은 '메이드 인 차이나시대'가 되어도 좋은지 섬유패션 정책 관계자들에게 묻고 싶다.

여섯째 마당

상품과 유통의 변화를 요구받는 천연염색

1
편집을 판매하는 시대, 천연염색도 편집해야 살아남는다

국내 최대 패션비즈니스 전시회인 '2021 대구패션페어 (Daegu Fashion Fair/DFF)'가 8월 말에 개최되었다. 이 패션페어에는 여러 천연염색업체가 참가해 천연염색의 최신 트렌드를 유감없이 보여주었다.

천연염색 상품은 예년에 비해 질이나 다양성, 염색 수준 등 모든 면에서 크게 향상되었다. 그동안 교육소재에서 벗어나지 못했던 에코프린팅은 다종다양한 피염물과 제품에 반영되어 시선을 끌었다.

'한국의 천연염색이 이 정도까지 발전한 줄은 몰랐다'는 외국인의 감탄처럼 천연염색 상품 자체는 흠잡을 수 없을 정도였다.

그러나 '2021 대구패션페어'는 패션전문 비즈니스 전시라는 점에서 여러 개 천연염색 부스가 하나의 업체처럼 보인 것은 개선되어야 할 점이었다. 천연염색은 다른 분야처럼 소재, 중간제품, 최종제품으로 구분하기에는 시장 규모가 작아 참여업체별 상품이 겹친다는 구조적 문제를 감안하더라도 주의(Attention)를 끄는 업체가 눈에 띄지 않은 점은 아쉬운 대목이었다.

미국에서 1989년 제창된 아이다(AIDA)라는 고객행동 프레임워크에서 A는 주의(Attention), I는 관심(Interest), D는 욕망(Desire), A는 행동(Action)을 나타낸다. 이 네 가지 중 주의는 고객과 첫 접촉을 하게 하는 것으로 매우 중요한데, 천연염색업체들은 이 부분에 소홀했던 것으로 평가된다.

물론 주의를 끌기는 쉽지 않다. 광고업계에는 "사람들은 하루에 광고 3,000개와 접촉한다. 그중 기억에 남는 것은 3개에 불과하다"라는 말이 있다. 그만큼 쉽지 않으나 트렌드를 읽고 재빨리 반영하면 경쟁업체보다 한 발 앞서 주의를 끌 수 있다.

최근 천연염색 제품과 같이 공예적 요소가 가미된 상품 마케팅의 트렌드에서 주목받는 것 중 하나가 편집이다. '편집'은 무엇인가를 결합해서 소비자가 요구하는 새로운 가치를 만드는 것을 의미한다.

천연염색 상품에서 편집의 사례를 든다면 3월 14일 화이트데이 선물상품으로 천연염색 스카프와 화이트데이의 상징 선물인 사탕을 하나의 포장박스에 넣어 새로운 상품을 만들어내는 것이다. 여기에 "사탕의 달콤함과 실크 스카프의 부드러움을 사랑하는 사람에게 선물하세요"라는 등의 홍보 문구를 가미하면 새로운 가치를 갖는 편집 상품이 되어 주의를 끄는 데 도움이 된다.

5월 5일 어버이날의 선물도 마찬가지다. 부모님에게 선물하기에 좋은 천연염색 상품에다 카네이션 보존화(생화에 장기 보존이 가능한 액체를 넣어서 만든 꽃)를 장식하면 새로운 편집 상품이 된다.

이것은 천연염색 상품에 어버이날 선물이라는 상징성을 갖는 카네이션꽃을 가미한 것으로 넥타이, 스카프 등 패션제품의 단품만 판매하는 것과 확연히 차별화되어 주의를 끌 수 있다는 점에서 편집의 필요성은 크다고 할 수 있다.

'2021 대구패션페어'는 편집 상품으로 주의를 끌기 좋은 행사였지만 이미 막이 내렸다. 하지만 다른 업체 제품과 차별화할 수 있는 편집의 중요성을 인식하는 계기로 삼았으면 한다. 동시에 공급 과잉시대에 무작정 팔려고만 하지 말고 편집을 통해 고객에게 한 발 다가서고 팔릴 수 있게 하려는 노력을 했으면 한다.

천연염색 제품 판매장

2
천연염색 패션 상품, 도긴개긴으로는 답 없다

한국과 타이완의 천연염색 공방을 둘러보았다. 양국 공방 모두 지난 10년간 큰 변화가 있었다. 우선 공방의 창업과 폐업 측면에서 한국은 폐업도 많았고 창업도 많았다. 타이완은 폐업된 공방이 거의 없고 창업이 조금 늘었다.

한국에서 공방의 폐업과 창업에는 정책적 지원 여부가 큰 영향을 미쳤다. 사용 염료는 한국의 경우 과거 많이 이용한 황토, 숯의 비중이 크게 줄어든 반면 감물, 쪽염료 외에 락, 괴화 등 다양한 염료가 사용되었다. 타이완에서는 쪽염료와 타이완 지역 특산인 복나무(福樹) 추출염료 위주에서 벗어나 한층 다양해졌고, 감물 도입도 급격하게 증가했다.

염색 목적과 기법에서 한국은 과거나 현재 모두 판매용에 집중했고, 그에 따라 견뢰도에 비중을 두고 발달해왔으며, 현재도 그 흐름에는 큰 변화가 없다.

타이완에서는 천연염색이 쪽염료를 이용한 염색과 예술성에 바탕을 두고 발달하면서 교육과 예술성에 비중을 두었으며, 현재는 그것이 상업적으로 확장되며 사용되는 염료 종류도 다양해졌다. 그 과정에서 새로운 염료 이용에 따른 견뢰도 문제가 제기되었지만 잘 극복해나가고 있다.

공방 규모 측면에서는 타이완의 경우 몇몇 곳을 제외하면 아직 그 규모가 크지 않으나 한국의 경우 10년 전과 달리 규모화되고 매출이 많은 곳이 상당히 증가했다. 결과적으로 한국의 천연염색 공방은 10년 전보다 규모는 커졌으나 개성 측면에서 변화는 크지 않았다. 방문한 공방 몇 군데에서는 견뢰도는 물론 염색기술과 노하우가 매우 우수하다고 자신만만했다. 하지만 내부 품질은 판매자로서 가장 기본인데도 외부적으로 평가가 가능한 염색과 상품의 차별성, 특색 측면에서는 점수를 매길 수 없었다.

반면 타이완 공방들은 경영주들이 그동안 특정 테마를 내세우며 정진해 염색 작가로 이미지를 만들었고, 그 이미지를 반영한 상품의 제작과 판매에 집중하는 경향이 강했다. 그 결과 상품 종류가 많고, 상품을 통해 작가도 쉽게 알 정도로 개성이 있어 소비자들의 선택 폭이 넓었다.

타이완의 공방들은 늦게 시작했고 정책적 지원, 염색 노하우 등 인프라는 한국보다 열악하지만 공방이라는 특징을 살린 특색과 개성이라는 측면에 비중을 두고 발달한 것들이 결과물로 서서히 빛을 보고 있다.

현재, 한국의 천연염색 공방은 나주의 쪽물염색, 제주도와 청도군의 감물염색이라는 지역적 이미지는 있으나 작가 또는 공방을 구별하는 외관적 염색기술과 표현법이 없고 상품도 도긴개긴이라 할 수 있다. 심지어 관광지에서 판매하는 천연염색 상품을 보면 한국산인지 중국산인지 구별하기도 명확하지 않다. 그냥 천연염색 상품일 뿐이지 상품을 통해 공방과 작가를 연상하고 그것들이 가격에 포함되는 브랜드라는 것이 거의 존재하지 않는다.

우리 사회는 거의 모든 면에서 소품종 대량 생산과 대량 소비 시대에서 다품종 소량 생산과 소량 소비 시대로 전환되었

천연 쪽으로 염색한 손수건

다. 그러한 시대 변화로 대량 생산을 하는 공장에 비해 생산성이 떨어지는 소규모 공방이나 천연염색이 개성이라는 무기로 설 자리가 생겼다. 그런데도 차별성을 추구하지 않는다면 천연염색 패션 상품이나 작가로서 생존이 어렵다는 것은 불 보듯 뻔하다.

3
천연염색, 공예 융합으로 경쟁력 높여야 할 때

　나주시천연염색문화재단에서는 종종 목공예 강좌를 한다. 재단에서 직접 주관하거나 지역의 목공예 작가들이 한국천연염색박물관을 활용하도록 유도하기도 한다. 천연염색은 주로 천에 물을 들이고, 목공예는 목재 가공 위주다. 두 공예가 언뜻 보면 다소 이질적이어서인지 천연염색박물관에서 목공예 강좌를 하는 이유를 질문하는 분들도 있다. 아마 천연염색은 섬유 중심으로, 목공예는 목재 위주로 생각해서 그럴 것이다. 그런데 천연염료와 도료에 중점을 두면 이 둘은 동질적이다. 목재도 가죽, 섬유, 종이와 같이 천연염색의 대상이다.
　목공예에서 천연염료와 도료를 사용하는 것은 낯선 일이

아니다. 전통 목공예에서 옻칠, 황칠은 흔히 사용되었다. 천연염료로 많이 이용되는 쪽염료, 감물도 사용되었다. 특히 감물은 중국에서 수천 년 전부터 목재 마감에 사용되었다. 일본에서도 감물은 목공예품 외에 학교 인테리어용 목재처럼 친환경용 도료(염료)로 수요가 늘고 있다.

이러한 점을 생각하면 천연염색과 목공예는 친밀할수록 서로 확장성을 높일 수 있다. 천연염색 제품과 목공예품은 융합상품의 탄생이라는 점에서도 가까이해야 할 품목이다. 완성도가 높은 나무젓가락과 숟가락을 만들었어도 그 자체만 상품화한 것과 천연염색한 천으로 멋스럽게 만든 수저집에 넣은 것의 격과 가치는 아주 다르다. 천연염색한 천으로 나무젓가락과 숟가락의 크기, 색에 맞춘 수저집을 만들면 새로운 소비처가 생겨난다.

목공예와 천연염색은 이질적인 것 같지만 동질적 요소가 많고, 두 공예의 융합으로 각각의 공예가 차별화되고 부가가치가 높아지며 시장이 확대된다. 그래서 나주시천연염색문화재단에서는 목공예를 가까이하며, 이것은 천연염색이 나아갈 길에 대한 실마리가 된다.

천연염색은 지금까지 공방에서 공예적인 것과 산업적인 것을 동시에 수행해왔다. 그동안 시장 규모가 작아 규모화된 천연염색 산업체가 존립하기가 쉽지 않았기 때문이다. 규모화된 산업체가 부재한 가운데 공방은 천연염색을 노동집약적으로 해왔다. 노동집약적인 과정은 천연염색 제품의 가격에 반영되었고, 이것은 시장에서 암묵적으로 통했다.

노동집약적인 천연염색은 업체 규모화 대신 공방 숫자를 늘려왔다. 천연염색 공방을 하면 인건비 정도는 벌 수 있다는 생각에 창업이 늘어났고, 이것이 공방 간 제살깎기가 되었다. 게다가 최근에는 국제적으로 기계화·자동화 시설을 갖춘 천연염색 산업체가 생겨나고 있다.

이러한 상황변화는 기존 시스템에 익숙한 천연염색 공방들에 가시밭길을 예고한다. 이 난관을 헤쳐나가려면 산업화와 차별화되는 공예의 감성에서 답을 찾아야 한다. 공예의 본질석 가치는 감성 존중이다. 공예품에 반영된 감성은 작가와 소비자 간 매개체가 되고, 제품 사용자에게 감성적 만족감 높여준다. 천연염색의 성장은 감성에 힘입은 바 크나 한계에 봉착하고 있다. 그 한계에서 벗어나려면 다른 공예와 융합해 새로운 작품과 제품을 만들고 확장성을 가져야 한다.

쪽염색 천에 자개를 도입한 것이 좋은 반응을 얻는 것, 나주시천연염색문화재단의 지원을 받은 작가가 대바구니에 천연염색 보자기를 부착해 개발한 상품이 서울 인사동과 제주도에서 좋은 반응을 얻는 것도 한 사례다. 코로나19로 시장의 불확실성이 지속되고 있다. 확실성을 높이려면 연구하고 대비해야 한다. 천연염색 섬유공예도 다른 공예와 융합해 차별화하고, 이를 무기 삼아 미래에 대한 확실성을 높여야 한다.

천연염색이 다른 분야 공예와 융합하면 부가가치가 높은 새로운 상품을 만들 수 있다. 공예박람회에 전시된 공예품

4
코로나19가 만들어낸 천연염색 키트 상품

　미국에서 천연염색 작가로 활동하는 작가에게서 메일이 왔다. 코로나19로 그동안 해왔던 워크숍을 하지 못한 채 무의미하게 시간을 보내다가 수강생들이 스스로 하게 하는 방법이 무엇일지 고민했다는 것이다. 고민 끝에 생각해낸 것이 수강생들이 가정에서 스스로 쉽게 하는 천연염색 키트 상품이었다고 한다.

　그 작가가 만든 천연염색 키트 상품은 별도로 제작하지 않고 단체 수업용으로 구비했던 것을 개별적으로 활용하도록 나눠서 봉지에 담고, 설명서는 휴대전화로 촬영한 사진과 글을 편집해 프린트한 것이 다였다고 한다. 조금은 엉성하고 포장도 세련과는 거리가 멀었지만 구매자들 반응이 좋아 확대해보려고 한다는 내용이었다.

메일을 받은 날 국내 작가에게서 형염 키트 상품 시제품이 배달되었다. 형염에 필요한 재료, 도구가 설명서와 함께 조그마한 도시락 가방에 들어 있었다. 꺼내서 보니 세트로 된 도구와 설명서만으로 누구든 쉽게 형염을 할 수 있게 되어 있었다.

미국과 국내의 작가에게서 같은 날 천연염색 키트 상품에 대한 메일과 시제품을 받고는 두 작가의 빠른 입지 구축이 변화하는 시대 흐름에 재빨리 적응하고 활용하는 것이 에너지로 작용한 것과 무관하지 않음을 알 수 있었다. 천연염색 키트 상품을 제작했다고 알려온 두 작가는 그동안 각각 미국과 국내에서 천연염색 교육에 비중을 두고 있었다.

코로나19가 확산되기 전까지 천연염색 교육은 한 사람이든 두 사람이든 간에 사람이 모여야 성립되었다. 코로나19는 천연염색 교육의 이러한 공식에 제동을 걸었다. 사람이 모이면 코로나19 전파 위험성이 높아졌기 때문이다.

기존의 공식이 깨지니 두 작가는 당황스러워했지만 이내

코로나19 상황에 맞게 새로운 공식을 만들어냈는데, 그것이 천연염색 키트 상품이다. 천연염색 키트 상품은 느닷없이 만들어진 것이 아니라 코로나19가 만들어낸 셈이 된 것이다.

천연염색 키트 상품을 만든 두 작가는 코로나19로 변해버린 상황을 극복하기 위해 새로운 길을 모색하고 있으나 천연염색업계에서는 아직도 많은 이가 변화도, 적응도 하지 못한 채 위기에서 헤어나오지 못하고 있다.

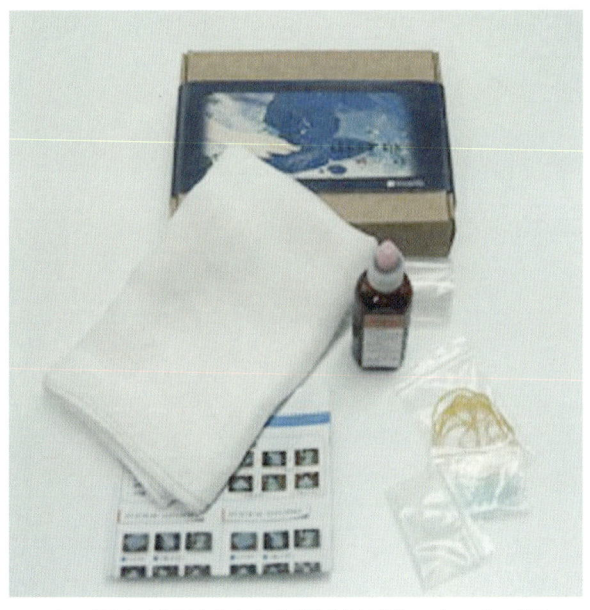

나주시천연염색문화재단이 개발한 천연염색 스카프 키트 상품

'위기는 기회다'라는 말이 있다. '위기와 기회는 항상 공존한다'라는 말도 있다. 위기가 기회가 되는 것은 위기를 통해 낡은 것을 버리고 새로운 길을 모색할 수 있기 때문이다. 지금 위기를 겪고 있다면 각 분야에서 자기 특성에 맞는 대안을 찾아 시도하고 그 과정에서 과거와 달라진 현재 상태에서 생존할 수 있는 최적화된 발전 방법을 찾아 구현해야 한다. 이는 말처럼 쉽지 않겠지만 생존하려면 시도하고 또 성공해야 한다. 천연염색업계 종사자 모두가 각각의 상황에 맞게 코로나19를 극복하는 방안을 찾고 시행하려는 노력을 포기하지 않았으면 한다.

5
홀치기염색 패션 열풍과 천연염색

　홀치기염색 패션이 유행하고 있다. 천을 구긴 다음 고무줄이나 실로 묶어서 염색하는 홀치기염색은 친근감이 있으나 그동안 아웃사이더 취급을 받았다. 히피(hippie), 노동자 옷, 그레이트풀 데드(Grateful Dead) 밴드 티셔츠라는 이미지가 강했는데 코로나19를 겪으며 주류로 이동하고 있다.

　루이비통(Louis Vuitton), 베르사체(Versace), 오프화이트(Off-White), 톰포드(Tom Ford) 같은 주요 브랜드에서는 홀치기 패션을 아이템으로 채용했고, H&M은 강황과 아보카도로 염색한 홀치기염색 옷을 출시했다. 디올(Dior)과 프로엔자슐러(Proenza Schouler) 같은 일부 브랜드에서는 브랜드 시그니처(signature)로 활용하고 있다.

색옷을 입거나 직접 염색에 참여하는 모습도 보이고 있다. 제니퍼 로페즈(Jennifer Lopez)는 홀치기염색 옷을 입고 자전거를 타는 모습이 포착되었다. 장바이즈(張柏芝)는 쪽염색 홀치기염색 옷을 입고 열아홉 살 때 촬영한 것을 재현하는 사진을 찍었다. 세계적 모델 벨라 하디드(Bella Hadid)는 크롬하츠(Chrome Hearts)와 협업에 따른 기금 마련 차원에서 자신이 티셔츠 50개를 홀치기염색하는 모습을 인스타그램에 올렸다.

홀치기염색은 패션 검색 엔진인 태그워크(Tagwalk)에서도 검색 비율이 높아 여성복에서는 2019년 여름 이후 꾸준히 10위 안에 포함되었다. 남성복에서는 가장 많이 검색된 상위 3개 주제에 포함된 경우가 많았다. 태그워크 데이터에 따르면 2021년 가을에는 16개 여성복 컬렉션이 홀치기염색을 도입했는데, 이는 2020년 가을보다 139% 증가한 것이었다.

홀치기염색 패션이 유행한 원인으로는 디지털화에 지쳐 있고, 특히 코로나19로 자유롭지 못한 환경이 1960년대 통제된 상황과 비슷했다는 지적이 많다. 홀치기염색 패션이 유행한 1960년대는 통제가 심했고, 젊은이들을 위한 옷이 없었기에 젊은 사람들은 직접 옷을 만들고 홀치기염색으로 자기만의 개성을 살렸는데, 현재 상황이 그때와 다소 비슷하다는 것이다.

홀치기염색의 창의적인 면도 유행에 일조하고 있다. 코로나19로 집에 있는 시간이 많아진 사람들은 홀치기염색 등 참여와 창의적인 부분에 관심이 많아졌다. 이를 뒷받침하듯 영국 공예용품업체 '조지웨일앤손즈(George Weil & Sons)사'에서는 2020년은 2019년에 비해 교육 워크숍 및 공연 예술의 수요가 급격히 감소했는데도 염색 키트 판매는 전년 대비 100%, 직기는 300%, 물레 판매는 50% 이상 증가했다고 밝혔다.

홀치기염색 패션은 창의성과 참여성이 돋보여 이렇게 유행하지만 우리나라 천연염색 공방 다수는 코로나19로 침체를 겪고 있다. 코로나19로 집에 머무르는 시간이 길어지고 과도한 온라인 사용에 따른 탈디지털 휴식화에 대한 욕구가 증가하면서 창의성이 요구되는 천연염색의 수요가 늘 수 있는데 이를 활용하지 못하는 것이다.

홀치기염색 패션의 유행이 암시하는 수요에 제대로 대응

하지 못했던 것처럼 코로나19 이후에도 탄력적으로 대응하지 못하면 천연염색 공방은 또 다른 이유로 침체될 수밖에 없다. 변화는 침체가 아니라 기회라는 생각으로 탄력적으로 대응했으면 한다.

6
천연염색 공방, 새로운 유통채널에 눈떠야

코로나19는 글로벌 가치사슬망 비율이 높고 외출, 이벤트와 밀접한 섬유패션산업에 정밀타격을 가하듯 큰 피해를 주었다. 그런 가운데 관련 기업체에서는 마스크, 오피스패션에서 캐주얼패션으로 전환, 온라인 회의용 패션 등 생산 품목을 수요 상황에 맞게 대응하면서 적응했다.

섬유패션업체는 백화점의 행사나 이벤트 등의 중단처럼 행사와 대면 판매에 어려움을 겪자 전자상거래의 비중을 높였다. 전자상거래를 통해 소비자의 구매 행동 데이터를 수집·분석하면서 소비자 요구에 빠르게 대응하고 있다. 생산에서 소비까지 과정과 거리를 좁히며 재고를 줄이고 물류의 효율성을 높이고 있다.

규모가 큰 업체들은 코로나19 유행 초기에는 피해가 컸으나 이제는 어느 정도 수습되고, 코로나19 이후를 준비하고 있다. 하지만 영세하고 대면 판매 비율이 높은 천연염색 공방들은 아직도 갈피를 잡지 못하고 있으며, 막연하게나마 코로나19 이후에는 원래대로 되겠지 하는 기대감에 사로잡혀 있는 경영주가 많다.

천연염색 공방들이 이렇게 방황하는 것은 경영주들이 대체로 마케팅이나 경영보다는 기술에 비중을 둔 점과 무관하지 않다. 전자상거래 등 새로운 유통 경로를 마련하고 운영할 수 있는 상품, 자본, 운영능력이 뒷받침되지 못한 점도 천연염색 공방을 무기력하게 하는 원인이다.

코로나19 유행 속에서 천연염색 공방이 무기력하게 대응하는 사이 유통 시스템은 빠르게 변하고 있다. 코로나19 이후에도 탄성을 회복하지 못하고 새로운 방향으로 전개될 것으로 예상됨에 따라 천연염색 공방은 새로운 유통채널에 눈을 뜨고 적극적으로 대응해야 하는 상황을 맞이하고 있다.

현재 일본의 천연염색 공방들은 상품 유통에 SNS, 전자상거래, 카페를 적극적으로 활용하고 있다. 천연염색 공방의 상품은 작가에 따른 염색성이나 디자인에 차이가 큰 특성이 있으나 규모가 작고 대부분 전국적 유통망을 갖추지 못하고 있다. 그래서 공방 중 극히 일부는 전자상거래를 하며, 영세한 공방에서는 주로 SNS를 적극적으로 활용한다.

그런데 천연염색 상품은 일반 상품과 달리 사진상으로 보았을 때와 실물 간에 색상과 느낌 등의 차이가 크고, 온라인 거래 시 작가와 감성 교류가 제대로 되지 않는 단점이 있다. 일본의 천연염색 공방들은 이러한 단점을 극복하기 위해 SNS로 상품을 적극적으로 홍보해 상품의 인지도를 높이면서 팬을 확보하고 있다.

팬(소비자)이 어느 정도 확보되면 팬들이 많은 지역의 카페와 연대해 단기간 판매전을 실시한다. 코로나19로 손님이 크게 줄어든 카페는 개최가 중단된 박람회를 대신할 수 있으며, 여러 군데 카페에서 전시판매선을 하며 소비자와 만나 홍보 효과를 높이고 있다.

한국과 일본은 천연염색 소비자들의 인식에 차이가 있다. 그러나 한두 사람이 경영하는 공방이 많고, 비대면 거래가 늘

박람회에 참가해 천연염색을 홍보한다.

어나는 등 공통점이 많다는 점에서 SNS 활용, 비대면 판매 증가, 카페와 연대, 공방으로 찾아오는 고객에게만 판매하는 방식에서 상품을 들고 나와서 판매하는 방식 등은 새로운 유통채널이다.

이러한 유통채널은 시대 상황이 만들어낸 산물이다. 이런 유통채널에 주목하고 적극적으로 도입해서 공방 실정에 맞게 적용하고, 유리한 방향으로 활용했으면 한다.

7
천연염색 기성복 오더숍이 기대되는 시대

　코로나19로 섬유패션산업이 직격탄을 맞고 있다. 생산은 중단되고 폐쇄하는 매장이 늘고 있다. 패션의 상징 파리, 밀라노, 뉴욕은 문을 닫았고 패션컬렉션은 줄줄이 취소되거나 미뤄졌다. 전시 상황 이상으로 참혹한 상태다. 반면 온라인 거래는 크게 증가했다.

　온라인 판매는 코로나19 확산 이전에도 증가 추세를 보였다. 그러나 유명 브랜드 상품은 바잉숍 전략을 취했다. 시내 번화가나 백화점 안에 매장을 둠으로써 고급스러운 이미지를 추구했다. 이제껏 그 전략이 먹혔다. 매장의 인테리어 비용과 임대료가 비싸도 그것을 감당하고도 남았다.

그런데 언제부터인가 높아지는 임대료, 경쟁 가열, 온라인 거래증가에 따른 매출 저하, 시즌 재고 등의 문제점이 쌓였다. 이것이 코로나19 확산을 계기로 환부를 드러냈다. 시즌 상품이 제대로 들어오지 않는 데다 방문객마저 줄어 매출이 뚝 떨어졌다.

코로나19 종식 이후에도 이런 상황이 개선되리라는 보장은 없다. 오히려 온라인 거래가 크게 증가할 거라는 것이 전문가들의 견해다. 온라인 구매에 맛을 들였고, 스마트폰 등으로 옷의 색상과 사이즈를 쉽게 선택하고 결제할 수 있는 편리한 시대이기 때문이다.

온라인 구매가 증가할수록 매장에서 전문가의 도움을 받아 여러 가지 옷을 입어 보면서 자신에게 맞는 것을 구매하는 경험은 줄어들게 된다. 이 경험 부족은 소셜미디어를 통해 경험 공유로 보충될 수 있으나 브랜드 특성이 소비자들에게 정확하게 전달되기는 어렵다.

구매자 또한 매장에서 옷을 보고, 입어 보고, 전문가 의견을 들으며, 자신에게 맞는 것을 제대로 선택하는 기쁨을 느끼지 못하게 된다.

바잉 오더숍은 이러한 문제점을 어느 정도 보완한다. 소비자들은 매장을 가야 하는 번거로움이 있으나 매장에 진열된 샘플 옷을 입어 보고 마음에 드는 것을 주문한다. 매장에서는 주문받은 것을 본사에 배송 의뢰한다. 이때 길이, 마감 등 수선 처리도 본사에 요구한다. 본사에서는 체인점에서 주문한 물건을 소비자에게 직접 배송한다.

이렇게 하면 각 지역 매장에서는 시즌별로 샘플만 갖추면 되므로 매장이 넓지 않아도 되어 재고 부담이 적으면서도 임대료를 절약할 수 있다. 매장이 넓으면 커피숍처럼 다른 업종과 겸해서 영업할 수 있다.

본사로서는 한 군데 매장에 보낼 옷을 여러 군데로 분산해서 보낼 수 있다. 판매점을 늘려 소비자 접근성을 높일 수 있고 재고를 관리하기가 쉽다. 패션을 통해 이업종에 진출하고, 시너지 효과를 얻을 수도 있다.

소비자로서는 매장이 분신되면 원거리에 있는 매장까지 갈 필요 없이 가까운 곳에서 주문할 수 있다. 온라인 구매가 서투른 사람도 구매할 수 있다. 온라인에서는 할 수 없는 촉감을 느끼며, 피부에 맞는 옷을 전문가의 도움을 받아 선택할 수 있다. 바잉숍에 비해 하루 이틀 기다리는 것이 흠이지만 기존 매장에서도 마무리하는 데 하루쯤 걸리므로 큰 불편은 없다.

현재 일부 가구 브랜드에서는 일선 매장에 제품만 전시하고 주문을 받은 후 본사에서 직접 배달하고 있다. 코로나19 확산은 패션 브랜드에서도 기성복 오더숍의 가능성을 넓히고 있다.

천연염색 제품의 다매장 유통에서도 기성복 오더숍이 기대되는 시기다. 상품의 효율적 공급이 가능하고, 유통 시스템 발달, 이업종과 어울리는 상품적 특성, 소비 행태가 크게 변했기 때문이다. 따라서 관련 업체의 도전과 성과를 기대할 수 있다.

일곱째 마당

소비자 접근성을 더 높여야 하는 천연염색

1
패션 트렌드와 천연염색의 적정 거리

　패션 비즈니스의 요체는 트렌드다. 패션 트렌드(유행)는 해마다 나타났다가 사라진다. 소비자들은 트렌드에 맞추기 위해 멀쩡한 옷을 버리고 새 옷을 산다.

　상품 소비를 이끌어내 패션 비즈니스의 성패를 좌우하는 트렌드는 상품이 출하되기도 전에 패션 관련 매체에서 정보를 발신한다. 정보를 수신하는 소비자들은 패션 관련 매체가 유행을 예측하여 트렌드를 민드는 것으로 생각하지만 사실은 그렇지 않다.

　패션 트렌드는 주로 패션업계에서 상품을 판매할 목적으로 만들어낸다. 패션 관련 매체는 업체와 공생관계일 뿐 주체는 아니다. 매체에서는 트렌드에 대한 정보를 발신해 소비자들의 구매욕을 자극할 뿐이다. 소비자들이 패션 제품을 구입하면 이익을 보는 곳은 패션업체다. 이익 당사자인 패션업체는 이익의 일부를 미디어에 광고료로 지급한다. 매체는 다시 트렌드 정보 발신으로 답한다.

트렌드가 만들어지는 과정은 시즌 약 2년 전 국제유행색위원회(1963년 발족된 위원회로 한국을 비롯해 세계 14개국이 가맹된 기관)가 각국의 제안 색을 바탕으로 6월에는 봄·여름 컬러, 12월에는 가을·겨울 컬러를 선정하는 데서 시삭된다. 이렇게 선정된 색상에 따라 패션 트렌드 컬러(유행색)의 방향 표시가 이루어진다.

시즌 1년 반 전에는 주로 패션의 도시 파리에 있는 트렌드 정보회사가 관여한다. 스타일링 오피스로 불리는 트렌드 정보회사가 트렌드 컬러를 바탕으로 소재, 실루엣 등 종합적인 패션 트렌드를 예측한다. 예측 정보는 트렌드 북을 통해 발신한다.

트렌드 북은 발행하는 곳에 따라 컬러, 소재, 프린트, 스타일링 등 종류가 다르며 가격은 상당히 비싼 편이다. 섬유 제조·원사 메이커는 트렌드 북의 정보를 참고로 소재를 개발하고, 디자이너는 디자인을 개발한다.

시즌 1년 전 정도 되면 트렌드를 예측해 개발한 원사와 원단 전시회가 열린다. 섬유전시회를 바탕으로 시즌 6개월 전 파리, 밀라노, 런던, 뉴욕, 도쿄, 마드리드, 서울에서 디자이너 컬렉션이 열린다.

이 무렵 〈보그〉〈엘르〉 등 일반인을 대상으로 하는 잡지와 미디어에서 패션 트렌드 정보를 발신한다. 각 의류업체의 전시회도 순차적으로 시작된다.

국내 패션 잡지에서도 트렌드 정보가 발신되고, 트렌드가 소비자 사이로 스며든다. 이어 각 매장에는 실제 제품이 진열되어 판매된다.

패션 트렌드는 관련 분야 전문가들이 이렇게 2년에 걸쳐 준비하지만 모두 성공하는 것은 아니다. 전문가들 사이에서는 반응이 좋아도 일반 소비자에게 침투하지 못하는 경우도 있다.

그리고 드물지만 트렌드에 상관없이 스트리트 패션이 소비자 측에서 발신되는 경우도 있다. 이것들이 IT에 의해 소비자

사이에 순식간에 퍼지고 하나의 유행이 되기도 한다.

그래서 의류업계에서 급격하게 대두된 것이 제조사가 기획부터 생산, 유통까지 직접 맡아서 판매하는 SPA 브랜드다. SPA는 자본력을 바탕으로 시즌 트렌드가 더 명확해지는 1~3개월 전 타깃층 요구를 정확하고 빠르게 분석하여 상품에 반영한다. 고객수요와 시장 상황에 따라서는 1~2주 만에 다품종 대량 공급도 한다.

패션 트렌드의 형성과 유통은 이처럼 관련 기업과 매체 등이 먹이사슬의 카르텔을 이루며 작동시킨다. 자본, 규모, 기술 축적, 조직화 등 여러 측면에서 미약한 천연염색업계는 이 카르텔 밖에 있다. 그러다 보니 트렌드와 너무나 멀리 있다. 트렌드와 멀리 있다 보니 새로운 소비의 효과적 창출과 규모화를 하지 못한다.

SPA처럼 트렌드가 분명해지는 시점에서 트렌드 지근거리에 다가설 수도 있다. 하지만 대부분 천연염색업체는 추진 여력이 없고, 트렌드에 따라 수명이 한시적인 제품도 감당하기에 역부족이다.

이러한 이유로 트렌드와 거리를 두는데, 이래서는 큰 발전을 기대하기 어렵다. 어떻게든 트렌드와 가까이 있어야 한다. 패션산업을 작동시키는 원천적 힘은 바로 트렌드에 있기 때문이다.

2
천연염색 이미지, 바꿔야 산다

　아버지를 아버지라 부르지 못해 피눈물을 흘린 홍길동노 아니고, 천연염색을 천연염색이라 부르지 못하는 현상이 나타나고 있다. 최근 친환경에 대한 소비자들의 관심 증가, 고품질 천연염료의 생산 및 천연염색 기술의 발달로 친연염색의 적용환경이 크게 개선되었다. 이에 천연염색을 도입하는 기업체가 늘고 있으며, 천연염색을 도입한 업체의 실적은 좋은 상태다.
　국내 대표적 패션 브랜드업체에서는 2021년 처음으로 천연염색 여름 상품을 기획해서 완판하다시피 좋은 성적을 거뒀다. 고급브랜드 타월업체는 천연염색 타월을 도입하자마자

히트상품 탄생이라는 기쁨을 맛보았다. 천연염색 제품은 이처럼 곳곳에서 쾌거를 이루었으나 천연염색업계에서조차 이러한 사실을 아는 사람은 많지 않다. 천연염색 도입업체들이 천연염색을 전면에 내세우지 않기 때문이다.

천연염색 대신 보태니컬, 내추럴, 에콜로지, 에코, 자연의 색, 지속 가능한, 친환경 염색 등의 명칭을 사용하고, 천연염색보다는 친환경 소재 자체에 비중을 두는 업체들도 많다. 이들 업체가 천연염색을 의도적으로 내세우지 않는 것은 마케팅에 장애가 되기 때문이다. 새로운 아이템 차원에서 천연염색 제품을 출시한 기업체 대표가 들려준 말이다.

사전에 마케팅 전문회사를 통해 천연염색에 대한 소비자 의식을 조사해보니 친환경에 대한 욕구는 높으나 천연염색에 대해서는 황토염색, 축제장, 이벤트 등 행사장에서 저렴하게 판매하는 싸구려라는 인식이 많았다고 한다. 그래서 천연염색 대신 보태니컬이라는 닝칭을 사용하게 되었다고 한다.

소비자들이 이렇듯 천연염색에 부정적 이미지를 가지고 있고 기업들이 천연염색을 내세우기를 주저하는 것은 큰 문제다. 이 이미지를 바꾸지 않으면 천연염색에 대한 우호적 환경이 도래해도 발전을 장담하기 어렵다.

천연염색업계에서는 그동안 천연염색을 알리고 대중화한다는 명분으로 먼지가 풀풀 나는 지역의 축제장이나 이벤트 장소마다 찾아다니며 제품을 전시·판매했다. 야외 행사장 천막 아래, 심지어 나뭇가지에 걸어놓고 판매하는 모습도 볼 수 있었다. 브랜드 제품 판매에서는 상상도 할 수 없는 일들을 한 것이다. 천연염색에 대한 부정적 이미지가 이와 같은 행위에서 유발되었다면 업계 내부에서부터 이미지를 개선하려고 필사적으로 노력하지 않으면 안 된다.

홍희숙 교수 등은 〈천연염색 의류제품에 대한 지각된 위험과 혜택: 천연염색 제품 지식에 따른 차이〉라는 논문에서 "저

천연염색은 친환경, 예술적 등 긍정적 이미지를 쌓아야 성장에 도움이 된다.

가격을 통한 할인 판매 촉진은 제품이나 이미지를 훼손할 수도 있으므로 제품 경험 대신 정보탐색 경험을 증가시키는 것이 효율적인 방안이 될 수 있다"라고 했다.

따라서 천연염색업계에서는 판매 장소나 방법뿐만 아니라 가격 등 천연염색의 이미지에 영향을 미칠 수 있는 다양한 요인을 생각하면서 이미지를 개선해야 한다. 그래야만 천연염색이 살고 천연염색을 천연염색이라 부를 수 있다.

3
천연염색, 서브컬처 활용해 외연 넓혀야

코로나19가 장기화하면서 천연염색은 출구를 찾지 못하고 있다. 천연염색이 출구를 찾지 못하는 것은 기본적으로 섬유패션산업의 침체와 관련이 깊다. 코로나19 발생 이후 국제분업구조를 기반으로 가치사슬이 구성된 섬유패션산업은 조업 중단과 중간재 조달 부족에 따른 생산 차질은 물론 외출이 크게 줄면서 소비마저 감소해 큰 타격을 입었다.

사상 초유의 코로나19 사태 속에서 침체의 늪에 빠져 있던 섬유패션산업은 언택트시대에 발맞춘 빠른 대응으로 위기에서 탈출하는 모습을 보이나 천연염색은 여전히 허우적거리고 있다. 국제적 분업의 비율이 매우 낮고 규모가 작아 순발

력이 좋은 천연염색이 침체의 늪에서 빠져나오지 못하는 것은 생산에서 유통까지 보수적인 과정과 무관하지 않다.

공방 위주로 이루어진 국내 천연염색 산업은 대부분 제조 전 과정을 자체적으로 해결해왔으며, 판매는 중년 이상 특정 소비자층을 대상으로 한 대면 판매 위주로 해왔다. 소비자층과 유통 경로가 다양하지 못한 상태에서 코로나19를 맞이했으며, 언택트시대에 대응하지 못한 채 고립되어 있다.

그 배경에는 천연염색이라는 상품 자체가 색상, 질감, 디자인 등 대면 판매에 따른 장점이 많고, 천연염색 공방 경영주들이 온라인 활용성이 떨어지며, 천연염색 소비층 가운데 비대면 구매에 익숙하지 않은 비율이 높은 것과 밀접한 관련이 있다.

천연염색 공방들은 코로나19가 끝나기를 기다리지만 소비자 의식과 구매 행태가 빠르게 변해서 코로나19가 끝나도 상황이 크게 개선될지 의문이다.

천연염색의 이러한 구조적 문제를 해결하려면 서브컬처(subculture) 연대와 활용이 필요하다. 서브컬처는 어떤 사회의 전체 문화(total culture) 또는 주요 문화(main culture)에 대비되는 개념이다. 하위문화(下位文化) 또는 부차적 문화라고도 한다.

문화 속 문화라 할 수 있는 서브컬처에는 젊은이 문화, 에티컬패션 문화, 친환경 문화, 자연지향적 문화, 웹툰 문화, 애니메이션 문화, 게임 문화, 도시민 문화, 농민 문화 등 특정 계층, 연령대, 지역, 분야 등이 해당된다. 천연염색 작가를 주인공으로 하는 만화와 웹툰, 천연염색 과정을 게임으로 만든 것 등도 서브컬처에 해당한다.

그러므로 천연염색이 서브컬처와 연대하거나 서브컬처를 활용하면 문화가 풍부해지고, 젊은 세대에 다가서는 등 접근

천연염색에서 서브컬처 문화 육성은 시장 세분화에 따른 외연 확장에 큰 도움이 된다.

성과 매력이 높아지므로 한정된 콘텐츠, 한정된 세대와 유통구조에서 벗어나는 데 큰 도움이 될 것이다. 고립된 천연염색이 생존·발전하려면 서브컬처를 적극적으로 활용하고, 이를 통해 외연을 넓히면 좋겠다.

4
정통 한복과 캐주얼 한복
그리고 천연염색

한복 때문에 문화재청이 곤혹스러운 상황에 놓였다. 문화재청은 한복의 대중화와 세계화를 목표로 2013년부터 경복궁, 창경궁, 덕수궁, 창덕궁, 조선왕릉, 종묘에 한복 차림으로 가면 무료로 입장할 수 있도록 했다.

처음에는 좋은 취지답게 관람객 반응도 좋고 여론도 좋았다. 문화재청 의도대로 한복을 입고 입장하는 사람도 늘어 보기에도 좋고 고궁 주변에 한복 대여점도 생겨났다. 문화재청에서는 암표거래 논란이 일어날 만큼 인기가 좋은 경복궁 야간 개장에도 한복을 입으면 무료 관람이 가능하게 했다.

그런데 퓨전 한복의 등장과 '한복 꼼수'가 생겨나면서 상황이 복잡해졌다. 한복 형식만 빌린 옷을 입은 사람들, 청바지에 저고리만 입은 사람들, 저고리 없이 원피스형 한복만 입은 사람들 등 유료 입장객 중 일부는 그들이 무료 입장했을 것으로 판단해 문화재청 현장 담당자들에게 항의하는 일도 있었다.

현장에서는 퓨전 한복 착용자들의 무료 입장을 제재하면서 다툼도 생겼다. 문화재청에서는 논란을 줄이고자 한복 관람 가이드 라인을 만들어 적용하는데, 이 또한 논란이 되고 있다. 한복의 몰개성화를 부추긴다는 비판과 더불어 남성이 저고리와 치마를 착용한 경우나 여성이 저고리와 한복 바지를 착용한 경우 한복 착용으로 인정하지 않는다는 규정이 젠더(gender) 논란으로 번졌다.

이 논란 속에서 패션업계는 그림자조차 거론되지 않는다. 옷에 대한 논란임에도 패션업계는 빠져 있고, 문화재청이 곤혹스러운 상황에 놓였다는 것은 한복이 패션보다는 문화재 측면으로 여겨진다는 것을 의미한다. 물론, 고궁이라는 장소가 관여되어 있으나 근본적으로는 한복의 대중화와 세계화가 안 되어 문화재청이 한복 무료 관람에 나서게 되었다고 하니 패션계로서는 부끄러운 일이다.

현재 대중화된 옷 중에는 각국 민속의상에서 유래한 것들이 많다. 한복은 화려하면서도 품위가 있으며, 우리나라의 아름다운 민속의상으로 높이 평가되지만 대중화·세계화되어 있지 않다. 남녀노소가 쉽게 입을 수 있는 캐주얼 한복은 거의 없고 정통 한복만 존재한다.

정통 한복은 포멀웨어(formalwear)로 우리나라의 전통적 정장이다. 명절, 결혼식, 회갑연 등 공식적인 장면에서는 착용하지만 외출 등 일상적인 생활에서 입는 사람은 거의 없다. 최근에는 결혼식 같은 공식 행사에서도 한복을 입는 사람들이 줄고 있다. 대구 서문시장이나 부산진시장 등 한복 판매점 매출이 예전에 비해 크게 떨어져 업종 전환을 생각한다는 업주도 많다. 오죽했으면 문화재청이 한복의 대중화·세계화를 기치로 고궁 한복 무료 관람을 시행했을까 싶다(한복을 입은 사람도 관광 자원이 된다는 측면을 고려하기는 했겠지만).

다행히 최근 젊은 층을 중심으로 독창적인 한복을 만들어 입는 흐름도 포착되고 있다. 어우동한복, 퓨전한복 등 명칭은 다양하나 정통 한복에서 벗어나 캐주얼화하고 있다는 것이 특징이다. 정통 한복 문화만 접해온 사람들에게 다소 당황스러운 일이 벌어진 셈이다. 고궁 한복 무료 입장에서 논란이 된 한복 인정 기준도 그 연장선 중 하나다.

따라서 패션계는 이 논란을 '무료 입장 꼼수'라는 시각에서만 수용하기보다는 소비자들의 목소리로 받아들여야 한다. 즉, 청바지와 함께 입을 수 있는 저고리, 여성들도 쉽게 입을 수 있는 한복 바지, 일상생활에서도 입을 수 있는 한복, 세계인 누구나 간편하게 입을 수 있는 캐주얼 한복을 원하는 소비자들이 늘고 있다.

패션계는 소비자들의 이러한 목소리에 귀를 기울이고, 답해야 할 정도로 자존심을 가져야 한다. 패션계에서 캐주얼 한복 개발과 보급으로 한복에 대한 접근성을 높이면 자연스럽게 정통 한복을 입고 싶다는 단계로 발전이 가능할 것이다. 그러면 정통 한복과 캐주얼 한복의 착복 장소나 기준도 더 명확해질 것이다.

한편, 일본 도쿠시마에서는 지금도 천연 쪽염색 관련 공장들이 운영되고 있다. 시대 변화에도 그들 공장이 옛날 방식으로도 생존이 가능한 것은 기모노(着物), 유카다(浴衣) 등 전통

옷에 사용되기 때문이다.

　화려하고 아름다운 한복이 탄생한 것도 우수한 전통 염색 기술과 자수가 바탕이 되었기 때문이다. 지금은 전통 염색인 천연염색이 한복과 분리되어 있다. 캐주얼 한복의 개발과 함께 한복에서 분리된 전통 염색의 복원도 전통과 산업 측면에서 다뤄야 할 시점이다.

5
천연염색업계, 기념일 이벤트 적극 활용해야

　3월 14일은 화이트데이다. 화이트데이가 다가오면 제과업계 등 다양한 업계에서 화이트데이 마케팅에 나서지만 천연염색업계는 조용하기만 하다. 화이트데이는 친구나 연인 사이에 사탕을 선물하며 좋아하는 마음을 전하는 날이다. 그 유래에 대해서는 몇 가지 설이 있다. 그 첫 번째는 대형 제과업체 후지야사와 마시멜로 제조업체 에이와사가 공동으로 만들었다는 설이다. 1973년 후지야사와 에이와사가 협력해 3월 14일에 마시멜로를 판매하는 캠페인을 시작했는데, 이것이 화이트데이가 되었다는 것이다.

　두 번째는 흰색 마시멜로 과자 쓰루노코(鶴乃子)를 생산하는 이시무라만세이도에서 대형 이벤트가 없는 시기인 3월 14일을 '마시멜로데이'로 정하고 1978년 3월 14일부터 캠페인을 시작한 데서 유래했다는 설이다. 1980년대에는 백화점 측에서 이 이벤트를 행복을 부르고 재수가 좋다는 의미의 흰색(white)을 차용해 화이트데이로 했다는 것이다.

세 번째는 전국사탕과자공업협동조합이 1978년 '사탕을 주는 날'로 화이트데이를 제정하고 2년 후인 1980년 미츠코시와 덴츠사의 협력을 받아 이벤트와 캠페인을 벌인 데서 유래했다는 설이다.

전국사탕과자공업협동조합이 3월 14일을 화이트데이로 정한 이유가 있다. 병사들의 결혼이 금지된 시대에 성 발렌티누스(Valentinus)가 결혼을 원하는 병사들을 위해 몰래 결혼식을 올려주다가 발각되어 269년 2월 14일 처형되고 나서 1개월 후인 3월 14일에 두 사람이 다시 영원한 사랑을 맹세한 일을 활용했다는 것이다.

일본에서는 3월 14일에 사탕을 처음 만들었다는 고서 내용도 감안했다고 한다. 화이트데이라는 명칭은 영일(英日)사전에 화이트가 설탕과 스위트 등으로 설명되어 있고, 청소년의

천연염색은 다양한 이벤트 기념일과 접점이 높으므로 이를 최대한 활용해야 한다.

순애를 설탕에 비유한 것이라고 한다.

이처럼 화이트데이의 기원에 몇 가지 설이 있는 가운데 일본에서 화이트데이 때 선물용 제과 매출이 엄청난 것으로 알려져 있다. 사탕 외에 꽃, 속옷 등의 업계에서도 화이트데이를 적극 활용해 마케팅을 펼침으로써 화이트데이는 경제적 효과가 큰 기념일로 정착되었다.

천연염색은 화이트데이(3월 14일), 세계 물의 날(3월 22일), 보건의 날(4월 7일), 지구의 날(4월 22일), 어린이날(5월 5일), 어버이날(5월 8일) 등 환경·감사·사랑을 키워드로 하는 기념일 판촉에 활용하기 좋은 조건을 갖추었다.

  기념일 중 가장 앞선 화이트데이는 상징물인 사탕과 함께 천연염색 속옷, 스카프를 상품화해 판매 이벤트를 하기에 좋은 날이다. 실제로 일본의 인터넷 쇼핑몰 1위 업체 라쿠텐시장에서 '화이트데이 속옷'을 검색하면 상품이 2만 8,642건 나올 정도로 속옷 판매에 화이트데이를 적극 활용하고 있다 (2021년 3월 8일 기준).

  천연염색 제품도 마찬가지다. 일본에서는 화이트데이용 천연염색 스카프 등을 판매하지만 국내 포털사이트에서 '화이트데이 천연염색'은 거의 검색되지 않는다. 기념일은 인지도가 높고 각종 이벤트가 열린다는 점에서 천연염색을 알리고 판촉할 좋은 기회인데도 활용하지 못하고 있다.

  화이트데이가 지나면 '세계 물의 날'이 있다. 산업 폐수 오염의 17~20%가 화학물질을 사용하는 섬유패션산업에서 발생하고, 물을 통해 방출되는 염료 40%에는 발암성 유기 염소가 포함되어 있다는 점에서 천연염색은 물의 날과도 밀접한 관련이 있으며, 친환경적인 천연염색을 크게 어필할 수 있다.

  기념일에는 이처럼 천연염색의 좋은 점을 알리고 판촉 계기로 삼을 만한 기회가 많다. 그런 점에서 화이트데이뿐만 아니라 다양한 기념일과 천연염색의 접점을 찾아 마케팅에 효과적으로 활용함으로써 천연염색업계에 활력을 불어넣었으면 한다.

6
천연염색에서
발신력, 영향력, 실력의 관계

　최근 SNS, 개인 미디어에 적극적인 사람이 많이 늘면서 정보의 발신력 또한 크게 높아졌고, 많은 사람과 간단하게 커뮤니케이션할 수 있는 시대가 되었다. 몇 년 전까지만 해도 수천 명, 수만 명에게 정보를 발신하려면 돈뿐만 아니라 인맥도 필요했다. 지금은 감각과 노력만 있으면 거의 비용을 들이지 않고 이런 일이 가능하다.
　누구나 큰돈 들이지 않고 정보를 발신할 수 있는 환경이 됨에 따라 섬유패션업계도 크게 변하고 있다. 특히 패션숍의 경우 과거에는 자기 패션숍을 개업하려면 몇 년 동안 패션숍에서 경험을 쌓거나 연예인 또는 유명 스타일리스트 등의 직함

이 필요했다.

지금은 시대가 변하면서 발신력을 무기 삼아 패션 쇼핑몰(셀렉트숍)을 개설해 영업하는 사람들이 늘고 있다. 이들 중 인기 있는 미디어 계정에는 연예인 못지않게 많은 댓글이 달려 있다. 이처럼 개인도 정보 발신력을 키우면 영향력을 행사하는 시대가 되었다.

영향력의 사전적 의미는 어떤 사물의 효과나 작용이 다른 것에 미치는 힘 또는 그 크기, 정도다. 어떤 수단을 동원해 상대 행동이 크게 변한 경우에는 영향력(힘)이 크다고 할 수 있으며, 상대 행동이 변하지 않은 경우에는 영향력(힘)이 없다고 할 수 있다. 이는 영향력이 반드시 발신력에 비례해서 증가하는 것은 아니라는 점을 시사한다. 발신력이 영향력을 가지려면 발신하는 정보가 개성 있고 유용해야 한다.

이를 감안할 때 발신력에 따른 영향력을 키우려면 수신자가 필요하고 가치 있는 콘텐츠가 있어야 한다. 이를 무시한 채 발신력에만 비중을 두면 영향력이 커지는 것처럼 보여도 실속이 없으며, 자칫 개인은 물론 업계에 피해를 줄 수 있다. 천연염색업계는 특히 제품의 내용과 실력이 상품으로 된다는 점에서 더 그렇다.

상품을 제대로 갖추지 않고 발신력에만 의존하면 고정고객을 확보하기 어렵고 천연염색의 이미지만 흐릴 수 있다. 실제로 천연염색에 대한 기본기와 실력을 제대로 갖추지 않은 상태에서 발신력이 영향력인 듯 착각하여 교육생을 모집함으로써 업계 이미지를 흐린 사례도 있다.

몇 개월 전 한 외국인에게 충격적인 이야기를 들었다. 인스타그램에서 본 에코프린팅을 배우려고 항공료를 부담하면서 한국에 왔는데, 정작 가르치는 사람은 기본기도 없었다는 것이다. 그 외국인은 주의 깊지 못한 자신을 탓했으나 천연염색 관계자로서 얼굴이 화끈거렸다.

개인 미디어 시대를 맞아 이런 일은 한국만의 문제도 아니고 천연염색업계만의 문제도 아니지만 친환경을 내세우고 내외적 품질이 중요시되는 천연염색에서는 특히 실력과 충실한 콘텐츠를 갖추고 발신력을 키웠으면 한다. 그래야만 수요자와 관계가 계속 유지되고, 그로써 발전할 수 있다.

한편, 실력을 갖추고 좋은 상품을 만들어놓으면 누군가 알아주겠지 하는 이들도 많은데, 정보는 발신하지 않으면 아무

소용이 없다. 실력을 나타낼 수 있는 상품, 좋은 상품을 발신하고 수요자와 커뮤니케이션하면서 더 발전시켜야 한다. 그것이 개인 미디어 시대에 진정한 영향력을 갖는 길이다.

천연염색 공급자와 수요자 사이에 커뮤니케이션의 중요성이 커지고 있다.

7
코로나19 시대, 천연염색 마스크 프로모션 도구로 활용해야

마스크를 잠깐 쓰고 말 줄 알았다. 그랬는데 코로나19가 장기화하면서 마스크를 언제쯤 벗을 수 있을지 기약이 없게 되었다. 마스크 사용이 장기화함에 따라 마스크쯤이야 하고 가볍게 여겼던 패션업체와 유명 패션 디자이너들이 속속 마스크 생산에 앞장서고 있다.

패션브랜드와 디자이너들이 마스크 생산에 뛰어듦에 따라 마스크에 대한 개념도 바뀌고 있다. 보건용에 머물던 마스크는 패션 브랜드의 새로운 매출 품목으로 자리 잡고 있다. 싼 것은 수만 원대에서 비싼 것은 십만 원이 넘은 가격에 판매됨에 따라 새로운 수입원 역할을 톡톡히 하고 있다.

마스크가 패션상품이 됨에 따라 소재, 기능, 디자인이 다양해지고 있다. 소재와 기능 측면에서는 항균과 방취, 소취는 기본이다. 마스크 원단이 피부에 닿으면 차가움이 느껴지게 하는 접촉 냉감 기능을 갖춘 것, 자외선 차단 효과가 있는 것, 항바이러스 효과가 있는 물질을 처리한 것, 습기를 흡수하여 열을 식히는 효과가 있는 자일리톨을 처리한 특수 원단을 사용한 것, 화장한 것이 손상되지 않도록 특수 원단을 사용한 마스크 등 천차만별이다.

마스크 디자인도 옷과 함께 세트로 디자인된 것, 마스크 자체를 예술품처럼 디자인한 것, 유명 화가의 그림을 프린팅한 것 등 다양하다. 패션업체에서 마스크의 비중을 늘리는 이유는 마스크 자체를 단독 패션 상품으로 규모화할 수 있고 프로모션(Promotion) 도구로 가치가 크기 때문이다. 특히 디자인이 세련되고 독특한 마스크에 패션브랜드의 로고를 새겨넣어 브랜드 인지도와 이미지 향상을 꾀하는 업체가 늘고 있다.

패션업체뿐만 아니라 기업체에서도 유명 디자이너가 디자인한 마스크에 자사 로고를 넣어 제작해 프로모션 도구로 사용하는 사례가 증가하고 있다. 마케팅에서 프로모션은 브랜드, 상품이나 서비스, 상품군 등에 대한 정보를 퍼뜨려 판매를 촉진하는 행위라는 점에서 마스크는 보건용이라는 기본적인 목적 외에 광고라는 측면에서 활용 가치가 높아지고 있다.

이는 천연염색 마스크 시장 또한 규모화가 가능함을 의미한다. 천연염색 천은 대부분 항균, 소취, 자외선 차단 효과가 있다. 피부 트러블도 적게 일으키며 색상이 자연스러워 원단 자체로도 매력이 있다. 문양염으로 로고와 문양을 만들 수 있는 것도 장점이다. 문양염을 해서 특정 회사, 단체, 지자체 등의 로고를 돋보이게 하면 마스크가 보건용이면서 판촉 홍보물이 된다.

전남수묵비엔날레 홍보용으로 제작한 쪽염색 마스크

일본에서는 기업체 로고가 프린팅된 천연염색 천으로 만든 마스크가 유통되고 있다. 지역 특산물 캐릭터와 함께 유젠 염색된 천연염색 천으로 된 마스크도 유통되고 있다. 우리나라에서는 천연염색 단체와 업체가 천연염색 마스크를 제작해 마스크 부족 위기 극복에 일조했다. 천연염색 마스크를 만들어 소외계층에서 활용하도록 기증도 많이 했다.

그렇지만 천연염색 마스크라는 좋은 아이템이 있으면서도 이를 공방 활성화에는 제대로 활용하지 못하고 있다. 천연염색 마스크에는 장점이 많으므로 코로나로 매출이 줄고 일거리가 줄어든 공방의 불황 타개책으로 적극 활용했으면 한다.

8
검색어로 보는 천연염색 트렌드

　인터넷 검색어는 세간의 수요 요구를 나타낸다. 과거부터 현재까지 검색 상황을 조사할 수 있고, 이를 마케팅 시책의 검토와 기획, 광고 예산 배분 등에 활용할 수 있으며, 미래 예측은 물론 대응책을 세울 수 있다.

　천연염색에서도 검색 경향을 살펴보면 트렌드를 파악할 수 있고 대응책을 마련할 수 있다. 그런 의미에서 'Google 트렌드'를 활용해 검색어를 통한 천연염색 트렌드를 분석해보았다. 우선 'natural dyeing'을 검색한 결과 2004~2005년에는 관심도가 높다가 이후 조금 낮아졌으나 시장 움직임이 비교적 안정된 '수요 안정형'이었다.

천연염색에 관한 용어가 최근 다양하게 사용되면서 용어별 관심도 변화를 알아보았다. 그 결과 'natural dyeing'은 '수요 안정형'이었으며, 'plant dyeing' 또한 'natural dyeing'과 크게 다르지 않았다. 이에 비해 'botanical dyeing'은 2014년을 전후해 검색 빈도가 증가해 최근까지 이어오고 있다.

염료 종류에서 인디고 염색은 '수요 안정형'이었으며, 감물염색은 2007년경에 '붐형'으로 피크를 나타냈고, 이후 2012년부터 계절별 변동은 있으나 관심도는 지속적인 것으로 나타났다. 염색 기법별로는 2020년 '홀치기염색'이 붐이었음을 알 수 있으며, 2021년에도 붐 가능성을 보여주었다. 'natural dyeing'에 대한 지역별 관심도는 오스트레일리아, 영국, 필리핀, 인도, 미국에서 높은 것으로 나타났다.

이와 같이 검색어별 검색 빈도를 조사하면 유행, 관심 지역, 유행 주기 등 다양한 정보를 얻을 수 있다. 특히 'Google 트렌드'는 검색 국가, 기간 등 세세한 것까지 지정해서 검색어, 검색 빈도 등의 정보를 알 수 있고, 트렌드를 파악할 수 있으므로 현장에서 빅데이터를 유용하게 활용했으면 한다.

9
섬유패션 민간자격증, 전략적 활용 아쉽다

　민간자격증은 국가기관이 아닌 민간이 발행하는 자격증이다. 현재 우리나라에서는 자격기본법이 개정되어 자격과 관련된 주무부처의 심사를 거치면 누구나 신고등록 절차만으로 자격증을 발급할 수 있다.

　민간자격증 수는 2020년까지 약 2만 8,000개가 한국직업능력개발원에 등록되었다. 2000년에 '민간자격 국가공인제도'를 도입한 후 2008년까지 655개에 불과했던 민간자격증 수가 10년 사이에 약 43배가 증가한 것이다. 이렇듯 민간자격증 수가 급격히 증가한 것은 민간자격 활성화를 위해 심사 없이 간단한 신고만으로 민간자격증 등록이 가능해진 2008

년 이후다.

민간자격증 등록이 쉽게 된 이후 문제점도 발생하고 있다. 전문성 없이 교재 판매, 응시료·자격증 발행 수수료를 수익모델로 하는 업체의 등장, 공신력이 낮은 업체들의 자격증 남발로 질 낮은 민간자격증 난립, 미취업자들에 대한 현혹과 피해 등이 문제가 되고 있다.

민간자격에 의한 소비자 피해에도 불구하고 민간자격을 활성화해 국가자격과 민간자격이 상호보완적 관계를 유지하면서 국가자격이 주지 못하는 교육훈련 과정을 제공하며 산업계 수요에 부응하는 사례는 많다. 민간자격증제의 본래 취지에 맞게 운영되면서 특정 분야의 산업화에 기여하는 자격증도 있다. 특히 정부와 지자체 출연기관, 협회, 조합에서 교육과정을 개설하고, 민간자격증제를 통해 인력양성과 취업에 도움을 주는 모범 사례들도 있다.

섬유패션 분야의 민간자격증도 종류가 많다. 한국직업능력개발원(민간자격 정보서비스)에 등록된 섬유패션 분야 민간자격증은 검색어별로 다양한 것이 검색된다(2018. 3. 14). 검색어별로 섬유 10개, 패션 106개, 염색 40개, 양말 38개(주로 양말 공예),

천연염색 35개, 헤어 16개, 구두 2개, 가방 2개, 모자 1개, 안경 1개의 자격증이 검색된다. 타월, 수건, 지갑, 넥타이, 운동화, 스카프, 신발은 관련 민간자격증이 등록되어 있지 않다.

등록된 민간자격증 중에는 펫패션디자이너, 패션쇼연출지도자, 글로벌패션, 패션스타일디렉터, 패션분장예술사, 패션에디터, 패션숍매니저, 모자디자이너, 수제가방공예사 등 시대 수요에 맞고 세분화된 것들도 있다.

민간자격증 종류만 놓고 보면 섬유패션에서도 부족함은 없어 보인다. 자격증 발행처도 (사)한국패션스타일리스트협회(패션스타일매니저), (사)한국패션봉제아카데미(봉제전문가자격), (사)세계가발패션예술인협회(헤어패션디자이너, 패션아이래쉬아티스트) 등 사단법인체도 일부 있다.

하지만 대체로 자격증 발행 주체가 비전문기관이며 공신력이 약한 곳들이 많다. 정부·지자체 출연기관이나 연구소, (사)한국패션협회 등 업계를 대표할 정도로 지명도 있는 협회에서 자격증을 발행하는 곳은 찾아보기 힘들다.

직원들이나 입사를 희망하는 사람들을 교육하기 위한 민간자격증을 개설해 활용하는 기업체 또한 거의 없는 실정이다.

이는 민간자격증의 장점과 섬유패션산업의 특성을 생각할 때 매우 아쉬운 부분이다. 섬유패션 분야는 지식과 기술기반 산업이면서도 유행을 선도하는 산업이므로 탄력성 있는 민간자격증의 필요성과 활용도가 높다.

그러므로 섬유패션 관련 각 주체는 인력양성, 신분야 개척, 유행 선도에 민간자격증을 적극적으로 활용하고, 이것을 산업군 규모화에 동력으로 삼았으면 한다.

나주시천연염색문화재단에서 실시하는 천연염색지도사 필기시험 모습

중앙생활사는 건강한 생활, 행복한 삶을 일군다는 신념 아래 설립된 건강 · 실용서 전문 출판사로서 치열한 생존경쟁에 심신이 지친 현대인에게 건강과 생활의 지혜를 주는 책을 발간하고 있습니다.

미래를 바꾸는 천연염색

초판 1쇄 인쇄 | 2022년 12월 15일
초판 1쇄 발행 | 2022년 12월 20일

지은이 | 허북구(BukGu Heo)
펴낸이 | 최점옥(JeomOg Choi)
펴낸곳 | 중앙생활사(Joongang Life Publishing Co.)

대　　표 | 김용주
책임편집 | 이상희
본문디자인 | 박근영

출력 | 영신사　종이 | 한솔PNS　인쇄 · 제본 | 영신사

잘못된 책은 구입한 서점에서 교환해드립니다.
가격은 표지 뒷면에 있습니다.

ISBN 978-89-6141-307-7(03630)

등록 | 1999년 1월 16일 제2-2730호
주소 | ㉾04590 서울시 중구 다산로20길 5(신당4동 340-128) 중앙빌딩
전화 | (02)2253-4463(代)　팩스 | (02)2253-7988
홈페이지 | www.japub.co.kr　블로그 | http://blog.naver.com/japub
네이버 스마트스토어 | https://smartstore.naver.com/jaub　이메일 | japub@naver.com

♣ 중앙생활사는 중앙경제평론사 · 중앙에듀북스와 자매회사입니다.

Copyright © 2022 by 허북구

이 책은 중앙생활사가 저작권자와의 계약에 따라 발행한 것이므로 본사의 서면 허락 없이는 어떠한 형태나 수단으로도 이 책의 내용을 이용하지 못합니다.

중앙생활사/중앙경제평론사/중앙에듀북스에서는 여러분의 소중한 원고를 기다리고 있습니다. 원고 투고는 이메일을 이용해주세요. 최선을 다해 독자들에게 사랑받는 양서로 만들어드리겠습니다. 이메일 | japub@naver.com